BULLETIN
DE
L'Association Littéraire et Artistique
INTERNATIONALE

Fondée sous la Présidence d'honneur de VICTOR HUGO

COMPOSITION DU BUREAU
Session 1890-1891. — Congrès de Milan.

Présidents perpétuels

MM. WILLIAM BOUGUEREAU
L. CHODZKIEWICZ
NUMA DROZ

MM. CHARLES GOUNOD
LADISLAS MICKIEWICZ
LOUIS RATISBONNE
PIERRE ZACCONE

Secrétaire perpétuel
M. JULES LERMINA

Présidents de la Session
MM. EUGÈNE POUILLET, FRÉD. BOETZMANN, JULES OPPERT, ADOLFO CALZADO.

Vice-Présidents
MM. GIUSEPPE GIACOSA, MAX NORDAU, HENRI MOREL, LOUIS CATTREUX, ALCIDE DARRAS.

Secrétaire général
M. CHARLES EBELING

Secrétaires
MM. ARMAND OCAMPO, P. WAUWERMANS, A. VAUNOIS, H. LOBEL, RAOUL CHÉLARD.

Trésorier
M. JOSEPH KUGELMANN

Agent général
M. JEAN LOBEL

SIÈGE SOCIAL & AGENCE : 17, rue du Faubourg-Montmartre, PARIS

DEUXIÈME SÉRIE — N° 19 — FÉVRIER 1892

CONGRÈS DE NEUCHATEL

Procès-verbal de la séance d'ouverture du samedi 26 septembre 1891.

La séance est ouverte à cinq heures vingt dans le salon des Etats du château de Neuchâtel, sous la présidence d'honneur de M. CORNAZ, président du conseil d'Etat du canton de Neuchâtel, membre et ancien président du conseil des Etats suisses.

M. le président CORNAZ prononce le discours suivant:

MESSIEURS,

Au nom du peuple neuchâtelois et du gouvernement du canton de Neuchâtel, j'ai l'honneur de saluer votre présence au milieu de nous et de vous souhaiter une cordiale bienvenue.

Depuis longtemps, nous suivions de loin vos importants travaux, nous sympathisions avec leur but, nous applaudissions à votre courage et à votre persévérance dans cette œuvre de justice, mais l'idée ne nous serait pas venue que vous nous accorderiez jamais la faveur de vous réunir chez nous.

Aussi la nouvelle de votre arrivée a-t-elle été accueillie par tous avec une surprise mêlée d'une joie bien sincère. Votre congrès est pour les Neuchâtelois une fête de l'esprit et une fête du cœur. Nous sommes heureux de nous trouver en quelque sorte associés pendant ces journées à tant d'hommes éminents de tous les pays, associés à votre Union internationale dont l'existence est placée sous la pure auréole qui entoure les plus grands noms de la littérature et de l'art.

Vous avez proclamé la solidarité de la pensée humaine dans toutes ses conceptions. Vous avez trouvé dans les régions les plus sereines, au-dessus de toutes les patries, la grande patrie intellectuelle dont nous aspirons tous à devenir les citoyens, et vous vous êtes constitués les gardiens vigilants des monuments que notre âge élève, à côté des trésors que lui a légués le passé. Vous en avez fait un apport commun. Vous avez voulu que, par-dessus les frontières qui divisent les patrimoines des nations, il y ait une idée qui les unisse dans ce qu'elles ont de plus noble, dans ce qui résume le mieux leurs aspirations, dans ce glorieux héritage qui se conserve intact de génération en génération, parce qu'il est de ces choses que n'atteignent ni l'usure ni la rouille.

Vous avez voulu tirer de cette vérité féconde toutes ses conséquences. Vous avez proclamé qu'il est dans chaque pays une petite phalange d'hommes d'élite qui, laissant à d'autres la poursuite des carrières au bout desquelles on rencontre la fortune, leur ont préféré, à travers les vicissitudes, les luttes, les doutes de soi-même, les insuccès, les découragements, les longues attentes, l'indifférence et les privations, que vient couronner pour les élus la récompense tardive de la renommée et de la gloire, qui leur ont préféré les jouissances réservées à l'écrivain, au poète, à l'artiste, impressions et jouissances incomparables ou qui ne sauraient être comparées qu'à celles éprouvées par l'alpiniste lorsque, arrivé après une ascension pénible et périlleuse au faîte de nos grandes cimes, respirant un air plus léger et plus vivifiant, exalté par l'aspect de sublimes horizons, se sentant encore enlevé plus haut vers régions infinies, il voit le soleil levant embraser l'espace. Vous avez dit que trop longtemps les littérateurs et les artistes avaient vécu de la protection et des caprices des grands. Vous avez voulu assumer pour le présent et pour l'avenir l'indépendance et la dignité de leur vie, et pour cela vous avez poursuivi, vous poursuivez sans relâche la revendication de tous leurs droits au sein de la société.

Dans un siècle où la science trouve et scrute toutes les forces de la nature pour les asservir au génie humain, à une époque où nous marchons de découverte en découverte, où d'immenses travaux ont percé des isthmes, creusé le flanc des montagnes, sillonné le monde de chemins de fer, multiplié les moyens de communications, supprimé les distances et décuplé la puissance de l'industrie où tout, la mode, les résultats acquis, une tournure d'esprit de plus en plus positive, bien justifiée par les difficultés croissantes du combat pour l'existence, dans un siècle où tout pousse à la glorification de la science et de la matière, dans un siècle qui, sous ce rapport, n'a pas dit son dernier mot et qui nous réserve peut-être sur sa fin des enchantements plus grands encore, vous avez voulu affirmer le droit d'aînesse de la littérature et de l'art. Vous avez réveillé le sens moral engourdi au milieu d'une activité matérielle dévorante; vous avez rappelé à ceux qui pouvaient trop facilement l'oublier qu'une nation, si grande que puisse être sa prospérité matérielle, si étendue que puisse être sa force, si riches que puissent être son agriculture, son commerce et son industrie, si extraordinaires et si variés que soient les moyens qu'elle emprunte à la chimie, à la mécanique, à la physique, à l'électricité, si hardi que soit l'esprit d'entreprise des individus qui la composent, si libres que puissent être ses institutions, restera encore inférieure à d'autres nations moins puissantes et moins riches, tant qu'elle n'aura pas trouvé des littérateurs et des artistes pour enfanter ces œuvres impérissables qui restent toujours et malgré tout la plus haute expression de la conscience humaine, le symbole resplendissant de l'âme d'un peuple et le plus beau fleuron d'une civilisation.

Messieurs,

Je me suis demandé ce qui nous avait valu le privilège de recevoir votre visite. Auriez-vous particulièrement voulu honorer la terre natale de M. le conseiller fédéral Droz, l'un de vos présidents perpétuels, et de M. Henri Morel, le secrétaire général de la propriété intellectuelle? Cette préoccupation semble avoir été pour beaucoup dans la détermination de votre comité, et j'en éprouve pour ma part une vive reconnaissance envers nos deux concitoyens, qui ont su placer le canton de Neuchâtel assez haut dans votre estime pour que vous souhaitiez d'être ses hôtes. Peut-être avez-vous entendu parler, dans ce vaste monde où il occupe une si petite place, de sa vie démocratique, de l'esprit libéral de son peuple, des traditions de solide éducation qu'il a gagnées au contact de ces deux grands foyers de lumière auxquels il touche, la France et l'Allemagne? Peut-être vous êtes-vous souvenus que Jean-Jacques avait écrit ses Lettres de la Montagne dans un de nos villages et qu'il avait vécu dans cette île de Saint-Pierre que nous visiterons ensemble demain; peut-être avez-vous eu quelque réminiscence de cette Mme de Charrière, l'ami de Benjamin Constant, dont les écrits, signalés au public français par les portraits de Sainte-Beuve, et par d'autres études plus récentes, ont gardé quelque chose de la saveur du terroir neuchâtelois; peut-être avez-vous pensé aux grands artistes que le canton de Neuchâtel est fier de compter parmi ses enfants.

Peut-être aussi vous êtes-vous dit qu'il serait plus doux de s'arrêter dans ces jours d'automne, non loin de Paris, le centre de votre association, au bord d'un lac, à flanc de coteau, au pied du Jura, dans ce site qui est aux touristes comme le portique de la Suisse, au delà duquel ils jettent un premier regard sur les Alpes rangées en amphithéâtre. Peut-être, et ce sera, je pense, à côté de ces raisons, un motif qui vous aura paru décisif, peut-être avez-vous simplement pensé à vous reposer du faste au milieu duquel vous avez vécu dans les grandes capitales, par une réception qui sera par la force des choses très modeste?

Après Londres, Vienne, Lisbonne, Rome, Bruxelles, Anvers, Madrid, Venise et Paris, vous recueillerez dans une petite ville comme la nôtre une impression tellement différente que, par sa nouveauté même, elle vous fera, je l'espère, oublier ce que notre accueil aura nécessairement de trop incomplet. Veuillez, je vous en prie, mettre au compte de l'insuffisance de nos ressources tout ce qui vous manquera, mais ne doutez pas de notre bonne volonté et de notre cordial empressement. Notre désir bien cher est que vous puissiez emporter un souvenir de votre passage à Neuchâtel. Quant à nous, qui aurons eu le bonheur de vous posséder durant quelques jours, nous resterons longtemps sous le charme que vous nous aurez laissé.

M. POUILLET, membre du Comité d'honneur et président de l'Association, s'exprime en ces termes :

« Mesdames, Messieurs,

« Jamais je n'ai si bien senti tout l'honneur que m'a fait l'Association littéraire et artistique internationale en me nommant son président qu'aujourd'hui, où cette qualité me donne le droit de parler en son nom pour ouvrir le Congrès de 1891 et saluer dans les personnes de ses premiers magistrats cette belle ville de Neuchâtel qui nous donne l'hospitalité.

« Habitant de la Franche-Comté et par conséquent voisin immédiat du canton de Neuchâtel, il y a longtemps que j'y suis venu pour la première fois. J'ai même gardé de ma première visite à la ville de Neuchâtel un souvenir qui ne s'est pas effacé. C'était en 1853 ou 1854; quand j'arrivai dans la ville, tout y était en rumeur; les habitants en armes venaient d'étouffer je ne sais quelle émeute et d'affirmer une fois de plus leur indépendance, leur volonté inébranlable de n'appartenir qu'à eux-mêmes et à la Confédération helvétique sans relever d'aucune suzeraineté étrangère, fût-elle purement platonique. C'est là que j'ai fait mon premier apprentissage de la liberté.

« C'est encore la liberté que fêtait tout récemment la Suisse entière, quand elle célébrait le sixième centenaire de son indépendance et que les patriotes accourus de tous les points des cantons montaient en foule à la prairie du Grutli comme au plus saint des pèlerinages, pour y renouveler le serment qui unit jadis les trois cantons d'où est sortie la Confédération.

« Les Suisses sont en Europe les vrais ancêtres de la liberté.

« Où notre Congrès serait-il donc mieux à sa place qu'en Suisse et à Neuchâtel? N'est-ce pas d'indépendance, n'est-ce pas de liberté qu'il va être ici question? Ne rêvons-nous pas d'établir, dans tous les pays, une législation uniforme qui protège le droit des auteurs et par conséquent les droits de la pensée? Notre but n'est-il pas d'assurer ainsi tout à la fois l'indépendance de l'écrivain, de l'artiste et en même temps la liberté de penser?

Cette protection de l'auteur, nous la voulons complète, sans restriction, sans réserve; nous voulons que l'auteur soit maître absolu de son ouvrage; qu'il en ait la libre disposition, que seul il puisse en autoriser ou en défendre la reproduction, sous quelque forme quelle ait lieu; qu'y toucher sans son autorisation soit une violation de la loi.

« Cette protection nous la voulons d'ailleurs pour tous les auteurs sans distinction de nationalités, pour l'auteur étranger comme pour l'auteur national. La pensée n'a pas de patrie, ou plutôt la patrie c'est l'humanité. Où qu'elle naisse, elle crée un droit à l'auteur; parce que, quel que soit le lieu où elle prend naissance, elle profite à l'humanité. Les hommes comme Shakspeare, Corneille, le Dante, Cervantès, Rousseau, Victor Hugo, n'appartiennent à une nation que par la langue qu'ils ont parlée; leurs œuvres, c'est-à-dire leur pensée, leur âme, leur génie, ce qui les fait immortels est le patrimoine non d'une nation isolément, mais de toutes les nations.

« Et quand je dis que la pensée et le génie n'ont pas de nationalité, ne vous y trompez pas; je ne suis pas de ceux qui rêvent l'abolition de l'idée de patrie, la confusion des nationalités et des races, ou l'absorption de toutes dans une et qui pensent, suivant un mot connu, que le drapeau n'est qu'un chiffon au bout d'une perche. Chaque peuple a ses instincts, ses penchants, ses qualités, ses traditions, son caractère, et cette diversité même sert les progrès de l'humanité; il suffit que les peuples vivent en paix les uns avec les autres et qu'ils fassent fraternellement l'échange de leurs aspirations et de leurs idées. Et quel meilleur moyen d'arriver à cette pacification universelle que de rendre en tous pays et en toute matière les lois uniformes? C'est le but que nous poursuivons dans la sphère à la fois modeste et grandiose du droit des auteurs, et c'est à ce grand œuvre que nous vous convions à travailler avec nous.

On nous a raillés quelques fois; j'ai entendu dire : A quoi bon ces Congrès? Ils ne font que se répéter. Ce sont des redites inutiles. Il est vrai que nous nous répétons; mais, pour employer une expression vulgaire, on n'enfonce les clous qu'à coups de marteau, les vérités ne deviennent banales qu'à force d'avoir été répétées. Chacun de nos Congrès ne nous fit-il que quelques adeptes, ne fit-il même qu'une seule conversion que nous n'aurions pas perdu notre temps. Nous ne travaillons pas pour l'heure immédiate et présente : nous sommes des pionniers, nous traçons, nous plantons les premiers jalons, nous traçons un sentier ; d'autres viendront après nous qui au lieu du sentier ouvriront une route large et superbe et la pousseront jusqu'au bout.

« Nous sommes donc condamnés à nous répéter toujours et quand même ; après ce Congrès un autre ; après cet autre, un autre encore, jusqu'à ce que la vérité proclamée devienne lumière, et qu'éblouissante elle aveugle ceux qui seraient encore tentés de la nier.

Le passé d'ailleurs est fait pour encourager notre foi dans l'avenir. Puis-je me dispenser de rappeler ici comment en 1883 notre Association, accueillie à Berne, élabora un avant-projet de convention d'Union qui, repris par le gouvernement helvétique, patronné par lui, corrigé, amendé, fut présenté par ses soins aux divers gouvernements de l'Europe; comment, toujours par les soins du gouvernement suisse, une conférence diplomatique se réunit à Berne en 1885 et rédigea le projet définitif qui est devenu la convention d'Union de 1886 ? Je le dis avec orgueil, cette convention fut notre ouvrage et je puis d'autant mieux le dire aujourd'hui que tout récemment une voix autorisée le proclamait au Congrès de Berlin; mais qu'aurions-nous pu si nous n'avions pas rencontré l'appui du gouvernement suisse, toujours prêt à soutenir et défendre les justes revendications, si nous n'avions eu pour combattre pour nous le conseiller fédéral Numa Droz, dont le sens juridique, dont la mâle éloquence, dont le dévouement à la cause du progrès ont certainement plus fait pour le succès final que tous nos efforts réunis ? Il m'est doux, ayant participé aux travaux de la réunion préparatoire de 1883, de rendre ici un hommage public à l'homme d'Etat qui voulut bien s'associer à ces travaux et les prendre sous sa protection.

Mais, nous ne devons pas l'oublier, la Convention de 1886 n'est qu'une première étape ; ses signataires l'ont eux-mêmes déclarée perfectible ; en 1892 ou au plus tard en 1893, les puissances qui y ont participé se réuniront de nouveau pour examiner les modifications dont elle est susceptible. Ce sont ces modifications qu'il nous faut étudier. L'heure prochaine de la revision donne une importance toute particulière au Congrès de Neuchâtel. Eclairés par une expérience de cinq années déjà, examinons ensemble les points sur lesquels la Convention de 1886 a besoin de plus de clarté ou de plus de perfection, prenons des résolutions réfléchies, sagement étudiées et dont les motifs, clairement expliqués, puissent s'imposer aux plénipotentiaires de la future Conférence.

En finissant, je tiens à remercier les membres du Comité de réception neuchâtelois, et en particulier, M. le conseiller Cornaz, le jurisconsulte éminent, qui s'est chargé de nous recevoir à Neuchâtel, et qui le fait avec une bonne grâce que nous n'oublierons jamais ; je le prie de recevoir, ainsi que ses collègues, l'expression de notre profonde gratitude.

Je déclare ouvert le Congrès de 1891.

M. A. OCAMPO, de la République Argentine, prononce l'allocution suivante :

« Monsieur le Président,
« Messieurs les conseillers,

« Le sort me désigne pour vous parler le premier au nom de l'une des nations étrangères représentées au Congrès ; il veut que la Confédération argentine salue avant toute autre la Confédération helvétique.

« Il ne me déplaît point, je l'avoue, que le pays le moins important encore et, certes, le plus éloigné, soit nommé tout d'abord à celui qui nous reçoit aujourd'hui : la Suisse, elle aussi, est petite sur la carte d'Europe et pourtant quelle place ne tient-elle pas dans le monde? Elle est moins étendue que tous ses voisins, et ne les domine-t-elle pourtant pas tous, autant par ses institutions et sa sagesse que par sa constitution physique elle-même?

« Nous aussi, Messieurs, nous avons des provinces qui, comme vos cantons, ont chacune leur autonomie, nous aussi, nous formons une République pleine de confiance dans son avenir, encore qu'elle traverse en ce moment une crise douloureuse ; mais, puissions-nous vous ressembler un jour plus complètement encore, et jouir des bienfaits que vos mœurs ont su répandre sur votre patrie entière.

« Là-bas, une colonie suisse, dans ce temps d'épreuves que nous traversons, épreuves qui semblent devoir tirer à leur fin, a su se soutenir et garder à peu près intact le patrimoine acquis par un quotidien et sage labeur.

« Cet exemple que vos concitoyens donnent aux miens n'est-il pas ce qui peut vous causer le plus grand plaisir?

« Veuillez croire que je n'en éprouve pas un moins vif à vous rappeler un trait qui n'a pas lieu d'ailleurs de vous surprendre, et laissez-moi terminer en vous assurant une fois de plus de la grande admiration de notre République pour la vôtre. »

M. WAUWERMANS prend à son tour la parole au nom de la Belgique, et salue la Suisse et la ville de Neuchâtel :

Je suis particulièrement heureux, Monsieur le président, de pouvoir apporter ici l'assurance du très vif intérêt que provoqueront en Belgique les travaux du treizième Congrès de l'Association artistique et littéraire internationale. Les délicates questions qui se rattachent à la protection des œuvres intellectuelles ont été vivement discutées en ces derniers jours. Elles semblent devoir être l'objet de prochaines et vives polémiques.

Où donc les délibérations du Congrès, pourraient-elles être plus utilement inspirées que par vos conseils et vos exemples? Maintes fois nous avons tourné nos regards vers votre pays pour emprunter d'utiles réformes à votre législation civile et politique.

Pourrait-il en être d'ailleurs autrement? Nos deux pays ont, semble-t-il, une histoire commune. Votre passé est illustré par les grandes et fécondes luttes pour la liberté de conscience et l'affranchissement de votre sol natal. Comme vous, nous avons longtemps subi les dominations de l'étranger. Vous nous montrez aujourd'hui qu'il est d'autres et peut-être de plus sûrs moyens que les armes pour assurer le salut des nations : les revendications des plus faibles triomphent si elles sont basées sur la force inébranlable du droit et de la justice. Les frontières les plus étroites peuvent être élargies par l'hospitalité largement pratiquée. Au-dessus des mesquines querelles de races il y a les principes généraux et immuables du droit, qui doivent régir, codifier en une même loi toutes les nations civilisées. C'est de Suisse qu'est partie l'initiative de cette législation internationale, dont l'une des plus heureuses manifestations est cette Convention de Berne.

Pour nous donc, Belges, qui avons à imiter vos exemples dans le présent, de même que vos encouragements ont guidé nos pères, votre tout gracieux accueil nous est particulièrement agréable, et je voulais dès le début de ce Congrès vous en donner la très sincère assurance.

M. EDUARDO DE HUERTAS, comme délégué de la Société des écrivains et artistes de Madrid s'exprime en ces termes :

Monsieur le Président,

J'ai l'honneur de saluer, au nom de la Société des gens de lettres de Madrid, la Suisse cette nation petite quant à son étendue, mais grande par son histoire ainsi que par les sommets des montagnes dont l'a dotée la nature.

L'Espagne a toujours eu pour cette République une admiration facile à comprendre puisque dans mon pays on admire le courage personnel avant tout ; courage dont vos montagnards ont donné bien des preuves en versant jusqu'à la dernière goutte de leur sang pour maintenir l'indépendance nationale.

Grand admirateur de vos institutions politiques et internationales ainsi que de votre système d'enseignement, il ne me reste qu'à vous saluer au nom du pays qui a vu naître le code de propriété littéraire le plus libéral sur la matière, pour l'accueil que vous nous faites et dont je ne suis nullement surpris ; car la nation qui pratique le droit d'asile comme la vôtre, ne pouvait recevoir autrement notre œuvre, une des plus grandes œuvres de notre siècle et sans laquelle le travailleur intellectuel ne pourrait jouir de son indépendance, si sa pensée n'était reconnue comme la plus inviolable des propriétés.

M. PAUL OEKER prononce les paroles suivantes :

Monsieur le Président,

Tout en regrettant d'être le seul représentant au Congrès des Etats-Unis de l'Amérique du Nord, je suis cependant fier de constater que mon pays vient enfin de reconnaître les principes du *Copyright International*, j'apprécie hautement l'honneur immérité qui m'a été dévolu d'offrir au nom de la grande République d'outre-mer, qui elle aussi est déjà véritable République des lettres et des arts, un *shake-hand* fraternel aux représentants du gouvernement de ce pays, notre aîné dans la voie de la liberté, qui nous a donné le grand Agassiz et beaucoup d'autres lumières brillantes de la science et des arts, et dont la grandeur de la nature attire tous les ans aux bords de ses lacs ravissants et aux sommets de ses montagnes gigantesques plus de cent mille touristes transatlantiques, inspirant les descriptions enthousiastes en couleur, en rythme et en paroles du peintre, du poète américain et *last but not least* de la fraternité de la presse libre américaine dont j'ai aussi l'honneur d'être un des membres. En cette qualité, j'espère trouver encore d'autres occasions de vous rendre témoignage de cette bienvenue officielle magnifique et hospitalière que votre corporation illustre offre au treizième Congrès de l'Association littéraire et artistique internationale.

M. DESJARDINS, délégué de M. le ministre de l'instruction publique de France, prend la parole en ces termes :

Messieurs,

Je viens à mon tour, au nom de M. le ministre de l'instruction publique et des beaux-arts de la République française, remercier la ville et le canton de Neufchâtel de leur accueil si empressé et de leur bienveillante hospitalité. Nous devons tous remercier M. le conseiller d'Etat qui préside cette séance solennelle d'inauguration et qui a bien voulu nous assurer tout à l'heure — avec un rare bonheur d'expressions — du concours de la municipalité pour donner le plus d'éclat possible à ces fêtes de l'esprit et de l'intelligence. Nous vous sommes bien reconnaissants de faciliter nos travaux dont vous avez su apprécier ce but éminemment libéral : assurer l'indépendance des écrivains et des artistes de tous les pays par la revendication légale possible de la propriété intellectuelle.

M. FERRARI, au nom de la Société des auteurs italiens, prononce le discours suivant :

Monsieur,

Je suis vraiment heureux de vous saluer et de vous remercier, au nom de la *Società italiana degli autori*, dont j'ai l'insigne honneur d'être ici l'un des délégués.

Votre aimable et fraternelle hospitalité ; le tableau séduisant de votre belle ville ; le panorama pittoresque des collines qui l'entourent, du lac qui la reflète, des hautes montagnes qui lui font face ; ce château, cette salle artistique et imposante, tout cela me parait le cadre idéal de notre Congrès — tout cela me ferait presque oublier pour un moment mon cher et beau pays, *il bel paese che Appennin parte e il mar circonda e l'Alpe*.

Permettez, Monsieur, que je remercie les honorables membres du Comité exécutif de l'Association littéraire et artistique internationale d'avoir choisi la Suisse pour le Congrès de cette année, car leur choix m'offre l'occasion de proclamer publiquement la profonde admiration que je professe pour la libre Helvétie.

Nous sommes, Messieurs, dans le pays des montagnes, au milieu du peuple de l'alpinisme.

L'alpinisme n'est pas un amusement toujours dangereux, quelquefois fatal. L'alpinisme est une école : école de l'esprit, plus encore qu'école du corps.

L'alpiniste, qui marche, qui franchit les abîmes, qui monte, qui monte toujours, l'œil ouvert sur son chemin, la volonté fixe à son but, ne fortifie pas seulement son corps, il fortifie son âme. *Excelsior !* Voilà la devise de l'alpiniste, au moral aussi bien qu'au physique, et lorsque l'alpiniste a atteint le sommet auquel il visait et que de ces hauteurs, il jette son regard autour et au-dessous de lui, il est frappé par le spectacle silencieux et calme de l'immense nature, sans limites et sans divisions; son esprit s'élève dans les sphères des plus purs sentiments, des plus nobles aspirations et les grandes idées de famille et de société, de vertu et de travail, se présentent à lui sous un jour tout à fait nouveau, dans leur conception la plus vraie, la plus sainte, et, reprenant son chemin pour descendre, il se sent, il est meilleur.

Voilà comment s'est formé le peuple suisse, et voilà pourquoi, pendant que les grandes nations, qui entourent la Suisse, emploient leurs richesses et les forces plus précieuses de leurs citoyens en préparatifs colossaux, qui resteront stériles s'ils ne sont pas préconisateurs de sanglants conflits, elle, la Suisse, poursuit son chemin dans les travaux de la paix, dans les œuvres de l'intelligence et de l'activité, avec ce calme sérieux et cette fermeté de caractère, qui la rendent objet d'envie et digne d'être imitée.

C'est donc à juste titre que, pour s'occuper de questions attenant aux droits pacifiques de l'intelligence, à cette propriété — comme, disait justement M. Pouillet — qui a pour patrie le monde entier, notre Congrès s'est donné rendez-vous ici, chez la nation à laquelle appartient Numa Droz; qui vit naître et prendre le nom de sa capitale, le plus important monument de législation internationale sur les droits d'auteur, et dont le législateur a été des premiers à étudier et à régler par de savantes dispositions de loi le *contrat d'édition*, qui est parmi les objets à l'ordre du jour du Congrès.

L'Association littéraire et artistique internationale, si rien ne survient — comme je l'espère — qui s'y oppose, a fixé que le Congrès de l'année prochaine se réunisse en Italie, dans ma ville : à Milan.

Eh bien, Monsieur le président, et vous, Messieurs les membres du Comité exécutif de l'Association internationale, je ne saurais mieux vous exprimer les sentiments de la Société, que je représente, et nos propres sentiments, qu'en vous priant vivement de ne pas manquer au Congrès de Milan et d'offrir ainsi à la Société italienne des auteurs et à moi-même le moyen de vous rendre l'accueil que vous nous avez fait et dont nous conserverons toujours le plus doux souvenir.

M. F. BAETZMANN, au nom de la Norvège, a ensuite la parole :

Je me permets de déposer sur le bureau la lettre par laquelle le ministre norvégien des cultes et de l'instruction publique m'a fait l'honneur de me charger de représenter la Norvège au Congrès de Neuchâtel. Je suis doublement heureux d'avoir à remplir cette mission dans un moment où, dans deux des pays du Nord scandinave, il se dessine un mouvement en faveur d'une adhésion à l'Union de Berne, et où le rôle que mon gouvernement a bien voulu me confier dans la préparation de cette œuvre, me fait vivement sentir tout le progrès qu'il nous a déjà été souvent donné de tirer des délibérations de l'Association littéraire et artistique internationale. Pour cette œuvre j'aurai encore à solliciter vos conseils et votre appui. Je suis convaincu que ni les uns ni l'autre ne me feront défaut, et que le Congrès de Neuchâtel fera bonne et utile besogne.

M. JULES LERMINA, membre d'honneur, secrétaire perpétuel de l'Association, lit son rapport sur les travaux de l'Association pendant la semaine qui vient de s'écouler (1).

M. RŒTHILSBERGER, secrétaire traducteur du bureau international de Berne, demande à M. Lermina la permission de l'interrompre pour une observation.

Monsieur le président,
Messieurs,

Pardonnez-moi d'interrompre la lecture du si intéressant rapport de votre secrétaire perpétuel, pour vous faire une communication relative au dernier passage qu'il vient de lire.

Je puis en quelque sorte suppléer à l'absence des membres de l'Association qui appartiennent à notre grand voisin du Nord, l'Allemagne ; je n'ai pas mission de parler en leur nom, mais j'ai la bonne fortune et la satisfaction de pouvoir vous amener un témoin qui vous dira comment on juge, dans les cercles bien autorisés en Allemagne, l'œuvre de l'Association de même que les auteurs français qui lui ont donné vie.

Le bureau international pour la protection de la propriété intellectuelle à Berne, s'inspirant de la nécessité d'être en contact direct avec les représentants autorisés des intérêts littéraires et artistiques, à quelque nation qu'ils appartiennent, m'a fait l'honneur de me déléguer au Congrès littéraire qui s'est ouvert il y a quinze jours à Berlin ; c'est au banquet solennel, qui réunissait le dimanche 13 septembre plus de cinq cents convives dans la belle salle de la Philarmonie, qu'un des trois présidents d'honneur du Congrès, M. le docteur Wickert, conseiller à la Cour d'appel et prési-

---

(1) Ce rapport a été publié dans le précédent numéro du Bulletin.

dent de la Société *Berliner Presse*, prononça un discours éloquent et...... fort écouté, dont je détache le passage suivant :

« Il y a quelques semaines, nous espérions saluer aussi à cette
« table, à titre d'hôtes honorés et chers, les membres de l'Asso-
« ciation littéraire et artistique internationale. A la dernière heure
« le Congrès a été contremandé. On m'a assuré que ce contre-ordre
« n'a pas été dicté par des motifs politiques. Ce n'est ici ni le lieu
« ni le moment de rechercher ou de décider si réellement nous
« avons commis des fautes ou si les Français ont montré une trop
« grande susceptibilité.
« Quoi qu'il en soit, je crois parler au nom de tous en exprimant
« ici les plus vifs regrets de ce qu'il ne nous a pas été donné de
« trouver à nos côtés les membres de l'Association internationale.
« Nous savons ce que nous devons à l'Association. Elle a fondé
« sur des bases plus solides le droit de l'auteur à sa propriété in-
« tellectuelle, et elle a amené la conclusion de cette Convention
« diplomatique qui protège maintenant cette propriété d'une façon
« puissante ; c'est à elle que nous serions également redevables
« des succès qui seraient remportés, si les États qui n'ont pas
« signé jusqu'ici la Convention de Berne en vous causant ainsi
« un fort préjudice, finissaient par y adhérer. En particulier, nous
« n'oublierons jamais que les Français ont été depuis des siècles
« nos maîtres dans les branches les plus diverses de la littérature.
« Mais c'est surtout l'association des écrivains allemands ici réu-
« nie, qui, voulant consolider son organisation, doit suivre l'exemple
« de nos voisins, pusiqu'ils ont réussi, grâce à une discipline par-
« faite, à tirer profit des droits que leur a accordés la législation
« et la jurisprudence. »

Ce témoignage de sympathie, qui méritera certainement votre approbation, est un bel exemple de ce que la cause de la bienveillance internationale peut attendre d'un esprit élevé, vaillant, impartial et exempt de préjugés. En ma qualité de Suisse, j'en ai été vivement touché, car je considère la bienveillance internationale comme la vertu moderne par excellence.

Je terminerai en exprimant l'espoir que l'Association littéraire et artistique internationale continuera la guerre implacable qu'elle a déclarée au vol littéraire et artistique et aux atteintes contre le bien suprême de l'indépendance du penseur, en groupant autour de son drapeau, dans un esprit de paix et de concorde, toutes les bonnes volontés sans distinction de race, de religion ni de patrie.

M. le président POUILLET remercie M. Rœthlisberger de la communication des paroles de M. Vichert, qui dissipent jusqu'au souvenir d'un malentendu regrettable.

M. Le SECRÉTAIRE PERPÉTUEL achève ensuite la lecture de son rapport.

M. Le PRÉSIDENT lève la séance à six heures et demie.

28 septembre. — Première séance.

La séance est ouverte à dix heures quinze sous la présidence de M. Eug. Pouillet. Prennent place à ses côtés MM. Baetzmann, Ferrari et Aimé Humbert.

M. Ch. Ebeling, secrétaire général, donne lecture du procès-verbal de la séance solennelle d'inauguration. Il porte à la connaissance des membres du Congrès les diverses délégations qui sont parvenues au bureau.

M. Jules Lermina, secrétaire perpétuel, communique la lettre qui a été adressée à M. le président du Congrès par M. Georges Djuvara, ministre plénipotentiaire de S. M. le roi de Roumanie, et dans laquelle celui-ci exprime ses regrets de ne pouvoir assister au Congrès et l'espoir que le temps n'est plus éloigné où la Roumanie introduira dans sa législation les règles protectrices des droits intellectuels.

Il donne lecture de la lettre du secrétaire du *Institute of the English Journalists*, et avis d'une communication adressée par M. Souchon. Il regrette les circonstances fâcheuses qui privent le Congrès de la collaboration si précieuse de notre dévoué collègue.

L'ordre du jour appelle la discussion de la première question à l'ordre du jour.

LE PROJET DE LOI ANGLAIS SUR LE COPYRIGHT

Rapporteurs : MM. Henri Morel et Ernest Roethlisberger.

M. Morel. — Le projet paraît avoir été principalement inspiré à lord Monkswell par l'idée de codifier la législation très compliquée de la Grande-Bretagne sur le Copyright. Pour se rendre compte de l'importance de cette codification il suffit de prendre la caractéristique donnée par les Anglais eux-mêmes de l'état légal actuel. C'est ce qu'a fait en 1878 une commission constituée par la Reine, dans un travail dont notre rapport imprimé reproduit les principaux passages sur ce point.

Mais à côté de sa valeur comme œuvre de codification, le projet renferme un certain nombre de dispositions particulières qui constituent de réels progrès sur lesquels notre rapport attire votre attention et qu'il serait trop long de traiter verbalement.

Le projet règle en deux parties la protection nationale et la protection internationale. L'existence d'une bonne législation internationale est surtout importante ici, puisque, contrairement aux principes de droit public admis dans la plupart des pays, où les traités négociés par le pouvoir exécutif acquièrent force de loi par les ratifications parlementaires, le gouvernement anglais se trouve limité par cette législation dans les conventions qu'il conclut avec d'autres Etats. Les traités doivent donc être conclus conformément à la loi, et s'il y a des divergences de textes c'est la loi que le juge anglais applique.

Or, la loi anglaise de 1886, élaborée pour permettre à la Grande-Bretagne d'entrer dans l'Union, est incorporée presque textuellement dans le projet Monkswell, à l'exception toutefois de son article 6 traitant de la rétroactivité établie par l'article 14 de la Convention.

Le projet prévoyant l'abrogation de la loi de 1886, il semble en résulter que le gouvernement britannique ne pourrait plus à l'avenir, sans dispositions législatives nouvelles, admettre la clause de rétroactivité dans des traités particuliers sur la matière qu'il conclurait avec d'autres pays.

Mais en ce qui concerne l'Union, cette abrogation ne porterait aucune atteinte aux œuvres qui ont paru dans les pays actuellement signataires de la Convention de Berne. Il en sera certainement de même à l'égard des œuvres publiées dans des pays entrant dans l'Union après l'abrogation de la loi anglaise de 1886, car l'article 14 de la Convention devrait trouver son application aussi bien dans ces pays que dans ceux qui composent actuellement l'Union.

A l'appui de cette opinion, se présente le fait que l'ordonnance anglaise du 28 novembre 1887, relative à l'entrée en vigueur de la Convention de Berne dans la Grande-Bretagne, reste debout. Ses effets ont déjà été étendus en 1888 au Grand-Duché de Luxembourg et en 1889 à la principauté de Monaco, entrés dans l'Union pendant le cours desdites années. L'ordonnance continuera donc à s'appliquer aux pays qui adhéreront ultérieurement à la Convention.

Enfin, en terminant, M. Morel rend le Congrès attentif au fait que le projet admet que le droit exclusif de traduction, exercé dans les dix ans qui suivront la publication d'une œuvre, sera protégé aussi longtemps que l'original. L'idée de créer une Union restreinte entre les pays qui acceptent cette unification de durée pourrait donc actuellement rallier, le projet Monkswell adopté, la Belgique, l'Espagne, la France, la Grande-Bretagne et la Suisse, leurs législations intérieures proclamant l'assimilation, sous la seule réserve pour ces deux derniers pays de l'exercice du droit de traduction dans un délai déterminé.

M. ERNEST RŒTHLISBERGER lit ensuite le rapport suivant :

Messieurs,

Quelques-uns des membres du Congrès et, à coup sûr, la plupart des auditeurs qui nous font l'honneur de suivre nos délibérations, se seront étonnés de voir portée à l'ordre du jour de notre

Congrès l'étude d'un *projet* de loi d'un pays étranger, projet n'ayant aucun caractère définitif et pouvant être modifié profondément au cours des débats parlementaires.

Pourtant cette étude se justifie par plusieurs raisons que je me permettrai de résumer brièvement :

Tout d'abord, les auteurs de tous les pays sont solidaires. L'Association littéraire et artistique internationale est l'expression vivante de cette *solidarité*. En parcourant une œuvre provisoire, deux hommes voient davantage et mieux qu'un seul. Il s'agit donc, pendant qu'il est encore temps, de signaler les lacunes, les omissions, les contradictions dont peut souffrir un travail législatif sorti des mains du premier rédacteur, et de rendre ainsi service, dans un esprit de sympathie, à la cause de la reconnaissance universelle des droits d'auteur.

L'examen d'un projet semblable est d'autant plus opportun que le pays qui l'a vu naître a adhéré avec toutes ses possessions et colonies à l'*Union* de Berne. Or, tout ce qui se fait dans un pays qui a signé le Pacte d'Union est propre à éveiller l'intérêt dans les cosignataires. Le sort d'un membre de l'Union ne doit pas être indifférent aux autres membres. En particulier les réformes élaborées sur un point du territoire de l'Union doivent attirer l'attention générale. Les progrès doivent être mis en lumière afin qu'ils soient imités et que l'œuvre commune en tire profit.

Cependant l'examen dont il s'agit n'est pas seulement opportun ; on y est amené presque en vertu d'un *droit*, ce qui exclut d'avance le reproche si prompt à naître de s'immiscer dans les affaires intérieures d'un pays. En suite de l'adoption de la Convention de Berne, la législation intérieure des pays unionistes produit ses effets, dans une large mesure, sur le terrain international, en ce sens que les auteurs étrangers sont assimilés aux auteurs nationaux en vertu de l'article 2 de cette Convention. En second lieu, le pacte de l'Union abandonne le règlement de quelques questions (par exemple la saisie, la rétroactivité) aux lois intérieures des Etats contractants ; il importe donc de voir si ces questions sont réellement abordées dans une loi nouvelle et quelles solutions leur ont été données. En troisième lieu, la Convention a établi des prescriptions ayant un caractère impératif, c'est-à-dire constituant un minimum de protection qui doit être assuré aux auteurs unionistes en toute éventualité. L'Etat isolé peut, il est vrai, promulguer des dispositions allant moins loin ; il peut, par exemple, fixer un délai relativement court à l'expiration duquel l'auteur doit avoir commencé à publier sa traduction ; mais ces dispositions ne dépasseront pas, quant à leurs effets, les frontières nationales. Qu'advient-il ? La situation qui est créée de telle sorte aux auteurs nationaux est moins favorable que celle qui doit être faite aux auteurs étrangers conformément à l'arrangement international. Il importe alors de mettre en relief cette position anormale afin que les auteurs nationaux soient bientôt mis sur le même pied que les étrangers grâce à des revisions de la loi intérieure.

Enfin il existe une *particularité* en ce qui concerne le règlement des rapports internationaux de la part de la Grande-Bretagne. Par des motifs constitutionnels, elle est dans l'impossibilité d'accorder à des auteurs étrangers, par la voie de traités particuliers ou l'adhésion à une Union internationale, des droits que sa propre législation n'a pas encore consacrés. Il lui faut introduire ces nouveaux droits au préalable dans une loi spéciale ou générale, avant de pouvoir signer l'arrangement international, ainsi qu'elle l'a fait en élaborant la loi du 25 juin 1886 comportant les dispositions nécessitées par son accession à l'Union de Berne. Toutes les concessions que l'empire britannique a été appelé à faire ou qu'il voudra faire encore en matière internationale — par exemple en matière de protection du droit de traduction — doivent donc être transformées d'abord en dispositions des lois nationales.

Il s'ensuit qu'une loi qui est destinée à codifier l'ensemble des lois existantes, comme le projet en discussion le prévoit, doit contenir un chapitre consacré à la protection internationale des droits d'auteur. C'est une dernière raison pour s'attacher à l'étude des questions relatives au traitement, en Grande-Bretagne, des auteurs unionistes.

Le rapport (1) qui vous est soumis, Messieurs, contient cette étude, qui a été entreprise sans aucune prétention. Elle ne poursuit qu'un but, c'est d'ouvrir la marche sur une voie où d'autres laisseront des traces plus durables. Elle se compose de trois parties d'étendue forcément inégale. La première raconte les efforts faits depuis 1875 pour arriver à une codification de la législation britannique actuelle, et la critique écrasante dirigée contre celle-ci par l'organe de la commission royale de 1878. La seconde partie caractérise la physionomie générale du projet de lord Monkswell, et reproduit en traduction le *Memorandum* ou l'exposé des motifs qui indique sommairement l'objet de la réforme et l'économie du projet. La troisième partie du rapport fait en trois chapitres principaux l'examen détaillé du bill : le premier chapitre met en relief les dispositions nouvelles ou particulièrement importantes du régime intérieur et colonial ; le second s'occupe de la protection internationale accordée par la Grande-Bretagne, protection mise en parallèle avec l'état légal créé par la Convention de Berne ; le troisième soulève le grave problème de la rétroactivité et de l'abrogation des lois antérieures.

Ce dernier point a déjà été traité aujourd'hui par mon honorable et honoré chef M. Henri Morel. Quant aux deux autres chapitres, nous ne relèverons, pour ne pas nous répéter, que très peu de points sur lesquels nous désirerions attirer votre attention d'une manière toute particulière. Le premier point est relatif à l'arrangement de la matière dans le projet. Le *Memorandum* dit : « Il a paru sage de traiter séparément les diverses catégories d'œuvres sur lesquelles s'exerce le droit d'auteur (œuvres littéraires ; musicales et dramatiques, et œuvres d'art) et de faire, si possible de chaque groupe des dispositions relatives à l'une de ces catégories un tout homogène et indépendant, même au risque d'entrer dans

---

(1) Ce rapport très complet a été publié par le journal *le Droit d'Auteur*, organe du Bureau de l'Union, à Berne.

des répétitions. » Ces répétitions existent, mais chaque groupe ne forme pas pour cela un tout homogène. Les dispositions concernant les œuvres posthumes, anonymes et pseudonymes, les licences de publication et la collaboration manquent dans le chapitre consacré aux œuvres d'arts, comme celles relatives à l'apposition de noms ou marques fictifs, aux œuvres falsifiées ou modifiées illicitement, ainsi que celles concernant la poursuite des contrefaçons à importer ou à exporter manquent dans les groupes de dispositions ayant trait aux œuvres littéraires, dramatiques et musicales. Ces lacunes sont bonnes à signaler. Ce qui est aussi très sensible, c'est l'absence d'une disposition unique, claire et formelle, concernant la durée de toutes les œuvres littéraires et artistiques, y compris les gravures et les photographies, dont l'auteur serait, d'après le projet, protégé seulement pendant trente ans à partir de la fin de l'année de la première publication.

Le droit d'auteur colonial forme, dans le rapport, la transition au régime international. L'élaboration de ce chapitre a eu lieu d'après le principe suivant: Les différents articles de la Convention de Berne ont servi de points de repère. Le caractère, impératif ou nominatif de chacun de ces articles ayant été fixé, ils ont été comparés avec la solution que le bill Monkswell propose, et les résultats de cette comparaison ont été déterminés avec autant de clarté que possible.

Et maintenant, Messieurs, nous devons à notre tour soumettre ce travail à votre critique; celle-ci, grâce aux lumières et à la haute compétence de nos juges, ne pourra guère manquer d'être fort instructive pour nous et d'avoir une grande valeur pour l'élucidation de la question que nous avons essayé d'analyser.

M. Georges Maillard pense qu'il serait hautement désirable d'obtenir du gouvernement anglais l'adoption du bill Monskwell. Il propose que le bureau du Congrès soit chargé de faire une double démarche : féliciter et remercier lord Monskwell, signaler au gouvernement les améliorations qu'il serait à souhaiter voir introduire dans le projet.

Cette proposition est mise en discussion et donne lieu à un échange d'observations sur l'opportunité et l'utilité de pareille démarche, les conditions dans lesquelles elle devrait être tentée.

La proposition est adoptée à l'unanimité. Une sous-commission composée de MM. Morel, Rœthlisberger, Maillard, d'un des présidents et du secrétaire perpétuel de l'Association est chargée d'assurer l'exécution de cette mesure.

M. Maillard indique les divers points sur lesquels le bill Monkswell devrait être modifié : la durée de protection est insuffisante ; le point de départ fixé pour la protection des œuvres de gravure est basé sur une distinction inadmissible. Si une distinction devait être faite, elle devrait diviser les œuvres en œuvres signées et œuvres non signées.

M. Ocampo est opposé à toute distinction : il faut unifier le plus possible. Il se range à l'avis de M. Maillard quant à la durée de la protection. Il voudrait profiter de cette loi nouvelle pour introduire le principe idéal de la protection de cent ans.

MM. LERMINA et POUILLET mettent le Congrès en garde contre le danger de présenter au gouvernement anglais une série de vœux et de critiques trop nombreuses. M. F. DAVANNE n'admet pas la distinction proposée par M. Maillard en ce qui concerne la photographie. Celle-ci doit avoir le même régime que les autres œuvres d'art. M. FERRARI, au contraire, appuie le principe de la distinction entre œuvres signées ou non, mais ne pense pas que les modifications proposées quant à l'extension de la durée aient une chance quelconque d'être accueillies.

M. RŒTHLISBERGER croit qu'il suffirait de renvoyer le gouvernement anglais aux principes déjà proclamés par l'Association dans les congrès précédents, sans les reprendre ici chacun en particulier et les remettre en discussion. M. POUILLET propose de déposer entre les mains du gouvernement les procès-verbaux de la discussion. M. FERRARI craint cependant que l'importance plus ou moins grande accordée aux opinions exprimées ne ressorte pas suffisamment de la simple constatation consignée dans le procès-verbal.

M. LE PRÉSIDENT déclare qu'il est bien entendu que la délégation puisera dans la discussion les éléments de ses observations et appréciera l'opportunité des objections à présenter au gouvernement.

M. MAILLARD examine la clause relative à l'enregistrement : il ne veut pas combattre la disposition de l'amende en cas de non-enregistrement. Celle-ci est une pénalité, mais n'entraîne pas la déchéance du droit. Il croit que l'auteur devrait pouvoir — sous la même pénalité — démontrer que la date de la publication est antérieure à l'enregistrement.

M. FERRARI pense qu'il est bien peu d'auteurs qui ne trouveront avantage à payer l'amende — à moins qu'elle ne soit fort élevée — pour s'assurer une prolongation de protection.

M. CHARLES LUCAS exprime le vœu que la loi anglaise proclame en termes formels que protection est due et accordée aux œuvres d'architecture, et que le mot architecture prenne place immédiatement après les mots peinture et sculpture dans l'énumération des œuvres protégées.

M. MAILLARD proteste également contre la licence obligatoire. Cette protestation est admise à l'unanimité.

Il critique la disposition des articles 16 et 17, qui enlèvent tout droit de reproduction au collaborateur d'une œuvre encyclopédique. Une distinction pourrait, au besoin, être faite entre les collaborations signées et les collaborations anonymes.

MM. RŒTHLISBERGER et FERRARI appuient le principe de cette

observation; ils croient qu'il n'y a pas lieu de faire de distinction, mais qu'il convient d'assimiler l'œuvre encyclopédique à l'œuvre collective.

La séance est levée à midi et quart.

28 septembre. — Deuxième séance.

La séance est reprise à 2 h. 15, sous la présidence de M. Pouillet, président.

M. Georges Maillard continue l'exposé de ses critiques à l'adresse du bill Monkswell. Il blâme la disposition qui refuse de considérer comme collaborateurs le librettiste et le musicien. La conséquence découlant de ce texte peut être une durée de protection différente pour les paroles et la musique; le librettiste pourrait confier à un autre compositeur le soin de remettre en musique le même livret, ce qui paraît inadmissible.

Les dispositions relatives à la reproduction des articles de journaux sont ensuite examinées par M. Maillard. Le texte de la loi, excellent en ce qui concerne les nationaux, aurait dû être reproduit en faveur des étrangers.

Il doit être bien entendu que l'autorisation de reproduire les articles politiques s'applique uniquement aux articles de politique du jour.

A propos de l'article 33, une discussion s'engage sur le sens exact du mot *report* et, partant, sur l'étendue des droits que concède cet article.

L'assemblée est d'accord pour reconnaître que, si le mot *report* signifie compte rendu, il y a lieu de critiquer la possibilité que cet article réserve à l'auteur d'interdire le report.

En matière d'œuvres d'art et de photographies, la loi anglaise conserve à l'auteur le droit de reproduction, mais ne lui permet de l'exercer que moyennant l'autorisation écrite du propriétaire. M. Maillard croit cette réserve inadmissible. Il lui préférerait même un système qui priverait l'auteur du droit de reproduction, laissant comme correctif la stipulation contraire.

M. Ocampo pense qu'il ne faut pas confondre la répétition et la reproduction. Il faut aussi songer à l'acheteur. Aurait-il acquis au même prix une œuvre qui sera reproduite demain, dans tous ses détails, à un nombre indéterminé d'exemplaires ?

M. Frédéric Mettetal appuie ces considérations.

M. Pouillet croit qu'il suffit de bien préciser que le droit d'auteur comprend celui de reproduction, mais qu'il faut faire une réserve quant au droit de répétition.

M. LERMINA croit que le point n'a point une importance assez grande pour faire l'objet d'observations au gouvernement anglais.

M. RŒTHLISBERGER donne quelques explications sur l'article 40. Il semble défendre de reproduire par la photographie un objet d'art sous prétexte de vue d'ensemble.

M. MAILLARD critique l'article qui paraît accorder, *a contrario*, à l'aide ou à l'ouvrier britannique le droit de propriété sur l'œuvre qu'il exécute, si le patron n'est pas domicilié en Angleterre.

Il croit qu'il serait bon de signaler au législateur anglais le système de la Convention de Berne, quant au point de départ du délai sur lequel doit être faite la traduction, en ce qui concerne les ouvrages publiés en livraisons.

Enfin, il signale la jurisprudence actuelle suivie en Angleterre, en ce qui concerne la rétroactivité. L'on semble accorder le droit de reproduire indéfiniment des œuvres contrefaites avant les dispositions protectrices. Il y aurait lieu de provoquer des mesures transitoires, tenant compte des droits acquis des éditeurs, à raison des frais qu'ils ont exposés.

M. LOBEL demande que les œuvres musicales aient droit au point de vue de la procédure au même traitement que les œuvres de littérature (art. 91).

M. LERMINA appuie cette observation, ajoutant que cette assimilation complète est une des demandes les plus importantes à formuler.

Pour clôturer le débat, le vœu suivant est proposé :

Le Congrès de 1891, réuni à Neuchâtel, donne mandat à l'Association littéraire et artistique internationale de présenter au gouvernement de la Grande-Bretagne le résumé des respectueuses observations suggérées par l'étude et la discussion du projet de loi sur le Copyright, dit projet Monkswell.

M. FERRARI croit qu'il serait bon que les autres Sociétés artistiques et les Sociétés étrangères fussent appelées à se joindre à cette initiative.

M. LERMINA pense que cette proposition offre certaines difficultés. Certaines Sociétés pourraient se froisser de l'iniative prise ou refuser de la suivre.

Finalement, la rédaction suivante est adoptée :

Le Congrès de 1891, réuni à Neuchâtel, émet le vœu que les différentes Sociétés littéraires ou artistiques de tous les pays, s'unissent pour présenter au gouvernement de la Grande-Bretagne, le résumé des respectueuses observations suggérées par l'étude et la discussion du projet de loi sur le Copyright, dit projet Monkswell.

L'Assemblée aborde l'examen de la

LOI AMÉRICAINE SUR LE COPYRIGHT

M. Alcide Darras (1) résume les dispositions les plus importantes de la nouvelle loi américaine sur le Copyright. Il rappelle le régime de piraterie qui existait aux Etats-Unis avant la loi nouvelle. Celle-ci part d'un principe excellent, mais elle est enveloppée dans de tels détails d'exécution qu'elle n'est point viable.

La loi américaine n'a été votée qu'après de longues luttes parlementaires dont le rapporteur fait l'historique depuis le mois de mai 1890. Il signale la tactique des adversaires du bill devant le Sénat, tactique consistant à introduire dans la loi des amendements que la Chambre basse repousserait infailliblement. Le projet fit la navette entre la Chambre et le Sénat jusqu'aux derniers jours de la session. La commission interparlementaire ne parvint à trouver un terrain de conciliation complet que le 3 mars 1891. Le bill ne fut voté qu'une heure avant la clôture de droit de la session.

M. Darras examine la loi nouvelle. Elle contient une série de dispositions qu'il faut pleinement approuver ; le bénéfice de protection n'est plus restreint aux citoyens et aux résidents; le droit exclusif de traduction et de dramatisation est reconnu.

A côté de ces articles donnent lieu à critiques les clauses de refabrication et d'importation. Cette dernière n'atteint pas aussi vivement les auteurs étrangers que ceux de langue anglaise.

M. Jean Lobel donne lecture de différentes questions posées par M. Souchon : « Suffit-il de fabriquer aux Etats-Unis deux exemplaires d'une composition musicale pour pouvoir continuer à importer l'édition tirée en Europe? (2) »

M. Darras croit qu'il n'est même pas nécessaire de fabriquer sur le territoire américain les deux exemplaires à déposer de œuvres musicales. Il ne croit pas que la clause de refabrication soit applicable aux compositions musicales.

Par lithographie, il faut entendre les compositions artistiques en lithographie, et non les œuvres musicales à raison de leur impression par le mode lithographique.

M. Rœthlisberger abonde dans ce sens et cite un article du *Droit d'auteur* examinant et tranchant la question d'après les travaux préparatoires, et basée en outre sur l'opinion du bibliothécaire de Washington.

M. Darras cite également à l'appui de cette thèse le commentaire récent de Putnam.

La séance est levée à cinq heures.

---

(1) Voir le rapport de M. A. Darras dans le n° 18 du Bulletin.
(2) Voir aux Annexes le questionnaire complet.

Séance du 29 septembre.

La séance est ouverte à 10 heures 15, sous la présidence de M. POUILLET.

M. POUILLET invite M. Edouard Montagne, délégué de la Société des Gens de lettres de France, à prendre place à ses côtés au bureau.

Il s'excuse de ne l'avoir appelé plus tôt, croyant avoir compris, d'après les termes de la lettre de M. Zola, que MM. Clerc et Montagne ne suivaient les travaux du Congrès qu'à titre officieux.

Il est heureux de pouvoir lui rendre la place qui lui est due.

Prennent également place au bureau MM. Morel et Ferrari.

Le procès-verbal des deux précédentes séances est adopté.

L'Assemblée continue l'examen de

LA LOI AMÉRICAINE

M. LOBEL lit la lettre que M. Souchon a adressée il y a quelques mois à M. le Ministre des affaires étrangères. M. Souchon insiste sur ce qu'il y a lieu de craindre qu'on ne s'attache à la nationalité de l'auteur, et non au lieu de la publication pour déterminer quelles personnes pourront jouir des avantages de la loi américaine. Il signale ensuite les dangers pouvant résulter de la coïncidence forcée de la publication aux États-Unis et dans d'autres pays étrangers. Dans cet ordre d'idées la Convention de Berne (art. 25) peut créer de sérieuses difficultés comme sanction.

Il conclut en demandant au Congrès d'adopter deux vœux dans cet ordre d'idées.

Le premier vœu est réservé. (Voir plus loin.)

Le second vœu est ainsi conçu :

Il est désirable que le paragraphe 3 de l'article 2 de la Convention de Berne soit modifié ainsi qu'il suit :

« *Est considéré comme pays d'origine de l'œuvre celui de la première publication.*

« *Ou, si cette publication a lieu simultanément dans divers pays de l'Union, celui d'entre eux où la durée de protection est plus longue.* »

M. MOREL relève la critique que M. Souchon dirige contre le *Droit d'auteur*, dans la note qu'il a adressée au Congrès ; il a reproché à la rédaction de ce journal d'avoir donné une interprétation timide de l'article de la loi américaine relatif au dépôt des œuvres musicales. Le *Droit d'auteur* ne poursuit d'autre but que de fournir aux défenseurs de la propriété intellectuelle les arguments qu'il croit bons. Mais il n'a pas la prétention d'infaillibilité, et il n'hésite pas à joindre à l'expression de son opinion des conseils de prudence.

Il appuie le premier vœu de M. Souchon, ne combat pas le second, mais ne croit pas qu'il puisse avoir des résultats pratiques.

M. DARRAS ne croit pas que le moment est opportun d'adopter le second vœu proposé par M. Souchon. Il pense que la loi américaine actuelle empêche l'entrée des États-Unis dans la Convention de Berne. La Convention proscrit toute formalité non exigée dans le pays d'origine. La clause de refabrication tombe sous cette proscription. Il serait très fâcheux d'en décider autrement, de déclarer la clause de refabrication compatible avec le régime de la Convention à une époque où certains pays de l'Union paraissent disposés à emprunter à l'Amérique la clause de refabrication.

M. RŒTHLISBERGER expose que les États-Unis ont manifesté eux-mêmes leur intention de ne point faire partie de l'Union. Il fait remarquer que le régime de la Convention de Berne n'a pas pour effet de détruire la loi antérieure. Il peut même fournir aux étrangers une situation préférable à celle des nationaux.

L'orateur insiste sur les grandes difficultés que crée le dépôt, mais il ne pense pas que la loi américaine ait grande chance d'être revisée d'ici quelque temps.

M. HIÉLARD, éditeur de musique, voudrait que le Congrès ajoutât à ses vœux le désir de réduire les droits de dépôt. Ceux-ci s'élèvent à un dollar, pour les étrangers. On pourrait suivre l'exemple de l'Angleterre. Les droits actuels frappant la musique équivalent souvent à une prohibition.

M. OCAMPO croit que c'est une question de détail, que le Congrès ne peut examiner.

M. DARRAS pense que l'assimilation des étrangers aux nationaux constituerait déjà une grande amélioration.

L'Assemblée décide l'ajournement du second vœu de M. Souchon.

M. LUCAS soumet le vœu suivant :

Le Congrès réuni à Neuchâtel, exprime le regret « que la loi américaine n'ait pas fait place à la protection des œuvres d'architecture et émet le vœu que, dans les modifications qui pourraient être apportées à cette loi, les œuvres d'architecture prennent leur place à côté des œuvres des autres arts et du dessin. »

Ce vœu est adopté.

M. DARRAS dépose quatre vœux :

1° *Le Congrès exprime sa profonde gratitude aux vaillants défenseurs des droits des étrangers aux États-Unis, notamment aux membres de la* **Copyright League** *et, comme eux, il estime que leur œuvre n'est pas encore terminée.*

(Adopté.)

Le second vœu est ainsi conçu :

2° Le Congrès espère que le gouvernement des Etats-Unis fera le nécessaire pour adhérer à la Convention de Berne.

M. WAUWERMANS demande de préciser le deuxième vœu en indiquant que la clause de refabrication rend impossible l'entrée dans la Convention. Ce sera un avertissement donné aux nations qui ont signé le pacte d'Union, et qui seraient tentées d'introduire dans leur législation pareilles stipulations sous la préoccupation d'intérêts économiques.

Cette observation est admise et les mots suivants sont ajoutés au vœu... « *notamment en supprimant l'obligation de refabrication* ».

Le vœu est donc libellé comme suit :

Le Congrès espère que le gouvernement des Etats-Unis fera le nécessaire pour adhérer à la Convention de Berne, notamment en supprimant l'obligation de la refabrication.

Le troisième vœu est adopté avec la rédaction suivante :

3° Il pense qu'en tout cas une très sérieuse amélioration serait réalisée, dans les dispositions de la loi nouvelle, si un délai de six mois était accordé aux auteurs, photographes, etc., pour la refabrication de leurs livres, photographies, etc.

Le quatrième vœu est ainsi conçu :

4° Il estime encore qu'il devrait être permis aux intéressés, conformément aux dispositions du projet originaire, de se servir des clichés fabriqués dans leur pays d'origine.

Ce vœu donne lieu à discussion entre MM. LERMINA, DARRAS, HIÉLARD, et RŒTHLISBERGER.

M. LERMINA croit que le vœu est si contraire à la législation en vigueur qu'il n'y a pas de chance de le voir accueillir.

Bien plus, son adoption aurait pour effet peut-être de faire repousser les autres vœux.

M. RŒTHLISBERGER appuie cette observation. Les critiques formulées n'ont d'autre effet que de réjouir les adversaires de la loi. Et en demandant trop nous risquons de désespérer les vaillants champions de nos idées.

Il fait observer au surplus qu'il ne faut pas attacher une trop grande importance à la défense de la libre importation des clichés européens en Amérique. Le format des livres américains, les caractères typographiques dans lesquels ils sont imprimés, leur aspect extérieur diffèrent sensiblement de ceux de nos éditions, si bien qu'il est fort douteux que les clichés d'origine étrangère puissent être utilisés en Amérique.

Les Américains attachent une très grande importance aux usages suivis dans la confection de leurs éditions.

Le vœu est retiré.

L'amendement tendant à obtenir réduction des droits de dépôt était aisi conçu :

« Il (le Congrès) demande que pour les droits d'enregistrement les étrangers soient assimilés aux nationaux. »

M. LERMINA fait remarquer que cette assimilation aurait pour conséquence une diminution de durée de protection. Le certificat de dépôt ne portant aucune mention de nationalité, il serait impossible sous un régime fiscal uniforme de constater l'origine.

La rédaction du vœu et son vote sont réservés.

L'Assemblée vote avec la rédaction suivante, le premier vœu proposé par M. Souchon :

Il est désirable que les gouvernements des pays dont les auteurs ressortissent aux effets du Copyright Bill Américain obtiennent du gouvernement des États-Unis qu'un délai soit accordé aux auteurs, compositeurs, artistes, pour accomplir les formalités d'enregistrement et de dépôt exigées par la loi américaine.

La question des droits de dépôt est reprise.

La rédaction suivante proposée par M. Harmand est adoptée après quelques modifications dans la forme :

Le Congrès émet le vœu 1° que le certificat d'Enregistrement et de dépôt constate la nationalité de l'œuvre et celle de l'auteur;

2° Que les droits d'enregistrement qui semblent trop elevés pour les auteurs comme pour les éditeurs, soient sensiblement diminués.

Enfin pour mieux préciser la question soulevée hier par M. Souchon le Congrès formule la résolution suivante :

Le Congrès est d'avis qu'il résulte du texte et des travaux préparatoires de la loi américaine du 3 mars 1891 que la clause de refabrication ne s'applique en aucune façon aux compositions musicales.

Il est passé ensuite à l'examen de la question de

LA PROPRIÉTÉ ARTISTIQUE

M. LERMINA fait connaître, en l'absence du rapporteur désigné les points essentiels de l'étude de M. Davrigny (1).

Une des questions les plus importantes soulevées dans ce travail est l'attribution du droit de production en cas de cession d'œuvres d'art. M. Davrigny a proposé pour bien fixer les principes de les affirmer à nouveau dans la résolution suivante :

---

(1) Voir ce rapport dans le n° 18 du Bulletin.

Il est à souhaiter que tous les pays de l'Union s'entendent pour reconnaître que l'aliénation d'une œuvre n'art n'entraîne pas, par elle-même, aliénation du droit de reproduction.

Ce vœu est adopté.

L'Association s'est occupée à plusieurs reprises de l'usurpation du nom des artistes. M. DAVRIGNY demande au Congrès de proclamer dans les mêmes termes la résolution prise à Berne en 1889.

En conséquence l'Assemblée déclare :

Il est à désirer que tous les pays de l'Union s'entendent pour punir l'usurpation du nom d'un artiste ainsi que l'imitation frauduleuse de sa signature ou de tout autre signe distinctif adopté par lui.

A l'occasion de ce vœu, M. LERMINA rappelle qu'il ne s'agit là que d'une question de droit commun, le faux, en quelque matière qu'il soit commis, constituant une atteinte aux règles de la probité, et il ajoute qu'il est bien entendu que lorsqu'il est parlé des diverses catégories de l'art, peinture, sculpture, etc., les mêmes principes s'appliquent et se sont toujours appliqués au grand art de l'architecture, alors même qu'il n'est pas nommément désigné.

M. LUCAS remercie M. Lermina de cette déclaration ; il en est particulièrement heureux et demande qu'une mention expresse en soit faite dans le procès-verbal ; si cette déclaration avait été émise plus tôt l'Association contiendrait dans son sein un plus grand nombre d'architectes.

M. LERMINA signale alors une question que pose M. Davrigny dans son rapport : il suppose que le droit de graver au tableau a été concédé à une personne ; il se demande si cette personne pourrait autoriser un tiers à graver ce même tableau. M. Lermina estime que cette question n'en est véritablement pas une : le droit cédé au graveur est un droit personnel qui ne peut être transmis à un tiers sans l'autorisation de l'artiste.

M. le PRÉSIDENT s'associe pleinement à ces observations.

DE LA PRESSE ILLUSTRÉE ET DES AFFICHES

M. HARMAND s'occupe des questions nouvelles que soulèvent l'extension sans cesse plus grande, l'importance et la valeur de jour en jour plus considérable de la presse illustrée.

Les droits du journaliste sur son œuvre ont été bien définis ; les droits de l'illustrateur sont les mêmes. Il importe de mettre l'un et l'autre sur le même rang.

L'orateur a cependant un scrupule. Il a été admis, en matière de presse, une distinction qui veut que les faits-divers, les télégrammes, les articles de simple information ne peuvent donner ouverture à un droit de propriété. Devra-t-on admettre de même le caractère banal de vignettes illustrant des faits-divers, des dépêches et, partant, en autoriser la reproduction? Pareille théorie aurait des conséquences arbitraires. Il faut, au contraire, proclamer que, quelles que soient son importance, sa valeur, sa destination, tout dessin doit être également protégé, cette protection entraînant comme corollaire la défense de reproduction. Ces principes doivent couvrir pour les mêmes raisons les auteurs d'affiches illustrées — quelle que soit leur importance au point de vue artistique.

L'orateur termine en appuyant le vœu de M. Davrigny en tant qu'il réserve à l'auteur le droit exclusif de reproduction de son œuvre. Il pense que le mot « traduction » employé par M. Davrigny serait plus utilement remplacé par celui de « reproduction ».

La séance est levée à midi.

30 septembre. — Première séance.

La séance est ouverte à 10 h. 15 sous la présidence de M. POUILLET, président, ayant à ses côtés MM. Cornaz, président du Conseil d'Etat ; de Salis, artiste peintre ; Jean Berthoud, président du tribunal ; le pasteur Vuille, représentant la Société des Gens de lettres de la Suisse romande.

M. AIMÉ HUMBERT, professeur de littérature à l'Académie de Neuchâtel, prononce un discours *sur le caractère d'universalité de la littérature* (1).

M. LE PRÉSIDENT félicite M. Humbert de sa brillante conférence et le remercie de l'honneur qu'il a fait à l'Association littéraire et artistique internationale en acceptant de figurer au nombre de ses membres. Il le prie de prendre place au bureau.

Prend également place au bureau M. Panatoni, député au Parlement italien.

M. LE PRÉSIDENT donne lecture d'un télégramme de la *American Copyright League*, qui envoie ses cordiales salutations au Congrès. Sur la proposition de M. PAUL ŒKER, il soumet au Congrès la résolution suivante :

« Une copie des résolutions concernant la loi américaine sera envoyée à la *Copyright League* de l'Amérique. »

Cette résolution est adoptée à l'unanimité.

---

(1) Voir ce discours aux Annexes.

L'Assemblée aborde l'examen du

PROJET DE CONTRAT D'ÉDITION (1).

M. Ocampo indique l'urgence qu'offre l'examen des principes du contrat d'édition. Des dispositions régissant cette matière figurent dans le projet de loi actuellement soumis au parlement danois. Il peut être amendé utilement par nos discussions en présence de M. Baetzmann, qui a été délégué pour suivre nos travaux.

Avant d'aborder ce sujet spécial, M. Ocampo signale à M. Armand les dispositions adoptées par la commission de Paris pour régler les rapports entre éditeurs de dessins et artistes. Le droit concédé ne comprend pas l'aliénation du dessin original, mais sa seule reproduction, un droit de jouissance.

M. le Président croit qu'il est bien difficile d'examiner le projet de loi danois dans l'ignorance où nous sommes de son texte. Il pourrait être procédé à cet examen ultérieurement. Il vaudrait mieux se livrer à l'étude des principes généraux.

M. Ocampo se range à cet avis ; il expose que le contrat d'édition est un contrat *sui generis*. Des dispositions spéciales le régissent : la Prusse, l'Autriche, plusieurs petites principautés germaniques et la Russie s'en sont occupées dans une première période. Ce contrat fait l'objet de très nombreuses dispositions législatives dans plusieurs pays.

Les rapporteurs se sont inspirés des lois existantes ; ils ont essayé d'établir un régime égal entre éditeurs et auteurs. Ils ont aussi examiné quelques questions spéciales :

Quel est l'effet de la remise d'une œuvre à un éditeur qui la reçoit seulement à l'effet d'en prendre connaissance ? Nous avons pensé que cette remise ne suppose aucun contrat relatif à l'édition de cette œuvre, mais constitue néanmoins un dépôt.

Ne pourrait-on même pas ajouter que l'éditeur doit délivrer, à l'auteur, à ses représentants ou à ses ayants cause un reçu daté dans lequel sera énoncé le délai d'examen qu'il se réserve, et qu'en l'absence d'indications ce délai sera d'un mois, par exemple ?

M. Frédéric Mettetal, adversaire de dispositions spéciales sur le contrat d'édition, s'incline devant les résolutions des Congrès, qui en ont jugé autrement. Il critique l'esprit dans lequel les rapporteurs ont établi les règles qui doivent présider selon eux au contrat d'édition. Ils n'ont pas assez tenu compte des intérêts et des susceptibilités des auteurs. Aujourd'hui, l'antagonisme entre auteurs et éditeurs n'existe plus : les premiers ne sont plus opprimés par les seconds, les auteurs arrivés font la loi aux éditeurs. Ceux-ci prennent leur revanche sur les auteurs ignorés ; une com-

---
(1) Voir le rapport sur cette question dans le n° 18 du Bulletin.

pensation s'établit peut-être, mais il n'est pas moins vrai que l'on devrait surtout protéger les jeunes auteurs.

L'orateur critique les divisions adoptées; il pense qu'il eût mieux valu créer des chapitres spéciaux pour chaque catégorie d'œuvres intellectuelles.

M. Ocampo ne tient pas à l'ordre suivi dans l'exposé des principes qui doivent régir la matière. Il n'a pas eu pour but de soumettre au Congrès un projet de loi, mais d'en établir les bases.

M. Wauwermans demande si les éditeurs ont pris part aux discussions préparatoires.

M. Ocampo répond que MM. Macquard et Hetzel ont éclairé de leurs avis la discussion de la commission.

Il est procédé à la discussion des articles.

Le contrat d'édition est un contrat par lequel l'auteur d'une œuvre littéraire ou artistique, ses représentants ou ses ayants cause s'engagent à remettre cette œuvre à un éditeur qui de son côté s'oblige à la publier, c'est-à-dire à la reproduire et à la répandre à ses frais, risques et périls, et au nombre d'exemplaires fixé par les parties.

M. Ferrari combat la stipulation qui semble impliquer que toujours l'édition est faite aux risques et frais exclusifs de l'éditeur. Il se peut que l'auteur y contribue.

M. Ocampo répond que le contrat d'édition perd en ce cas son caractère pour emprunter celui de société ou de louage de services.

M. Lermina croit qu'il ne s'agit pas de légiférer sur le contrat d'édition, mais de fixer les règles qui doivent régler les rapports entre auteurs et éditeurs.

Une discussion s'engage sur la définition contenue dans cet article. M. Darras signale le danger qu'il y a d'insérer des définitions en tête d'une loi.

L'Assemblée décide cependant qu'il y a lieu de formuler une définition.

Le texte proposé par M. Ocampo est mis en discussion.

M. Wauwermans demande que la définition contienne la qualification soit civile soit commerciale. C'est ainsi seulement que l'on rendra le doute impossible.

Sur les questions de compétence, on remédiera aux difficultés qui naissent des différences de compétence en ce qui concerne les actions reconventionnelles.

M. Ferrari pense que le contrat d'édition est un contrat commercial vis-à-vis de l'auteur.

M. Lermina explique que le mot commercial offrirait de grands dangers dans l'état de la législation française. Si le contrat d'édition était considéré comme commercial à l'égal de l'auteur, il pourrait entraîner la mise en faillite de celui-ci, ce qui est inadmissible. L'auteur cède son œuvre en de certaines conditions, qui peuvent se rapprocher du contrat de louage. Il ne fait pas œuvre de commerce.

La séance est levée à midi.

---

30 septembre. — Deuxième séance.

La séance est ouverte à trois heures trente, sous la présidence de M. POUILLET.

MM. Panatoni, de Salis et Desjardins siègent au bureau.

La discussion sur **le contrat d'édition** est reprise.

M. OCAMPO croit qu'il conviendrait d'ajourner au prochain congrès l'examen des questions soulevées, leur importance est très grande et leur discussion entraînerait à de trop longs débats.

M. FERRARI pense que les membres du congrès pourraient profiter de la lecture du projet pour émettre les idées que leur suggère cette lecture.

M. PROST appuie cette demande. Il importe d'aboutir sans délai.

M. FERRARI croit utile de débuter par une définition du contrat; de mentionner qu'il a un caractère commercial; de ne pas indiquer dans cette définition, comme le fait le projet, que l'édition se fait aux risques et périls de l'éditeur.

M. ARMAND serait d'avis de ne s'occuper actuellement que de l'édition des œuvres littéraires et de leur reproduction. Ce travail accompli, l'on pourrait aborder l'examen des règles d'édition des œuvres artistiques.

A propos de l'article 2, M. Ferrari croit qu'il est inutile de s'occuper de la situation juridique qui découle de la remise du manuscrit à l'éditeur en vue d'examen.

Il combat l'obligation du contrat écrit en matière d'édition. C'est une dérogation aux principes du droit que rien ne justifie.

M. PROST propose la rédaction suivante pour l'article 3:

Le contrat d'édition doit être établi par écrit. Toutefois, si l'œuvre a été librement livrée par l'auteur, ses représentants ou ses ayants cause à l'éditeur, qui l'a acceptée en vue de sa publication, le contrat est valable, et il est régi par les dispositions de la présente loi.

M. PANATONI est partisan du contrat écrit; celui-ci doit mentionner l'obligation de publier dans un terme fixé et le chiffre du tirage.

M. Ferrari critique l'article 4.

Celui qui confère à l'éditeur le droit de publier une ou plusieurs éditions de l'œuvre offerte doit pouvoir en disposer à cet effet. Si l'œuvre a déjà été publiée en tout ou en partie, il est tenu d'en avertir l'éditeur avant la conclusion du contrat.

Il est impossible qu'un auteur cède à un éditeur une œuvre dont il ne dispose pas. S'il faisait telle cession, il tomberait sous l'application du droit commun. Il demande la suppression de l'article.

M. Prost pense que l'abus de clarté ne nuit pas.

M. Ocampo explique qu'il a visé les cas de traduction. Le traducteur doit être garant du droit qu'il a obtenu de l'auteur originaire.

M. Darras demande si l'on ne vise pas les incapables, les mineurs ou les femmes mariées.

M. Ocampo répond négativement.

M. Harmand indique la portée de la seconde partie de l'article proposée. Il impose aux héritiers, aux ayants cause de l'auteur des recherches qu'il convient de leur imposer de préférence à l'éditeur.

M. Ferrari estime que cette disposition n'est encore que la répétition des principes du droit commun. Les tribunaux apprécieront d'après les règles du droit.

M. Panatoni pense que la mention du délai fixé ou à fixer doit être visée dans l'article 3 déjà examiné.

M. Ferrari combat la disposition de l'article 4 en tant que celui-ci défend à l'auteur de modifier son œuvre. Il propose la rédaction suivante :

L'éditeur conserve d'ailleurs la faculté, si les changements que l'auteur voudrait faire pouvaient porter atteinte à ses intérêts commerciaux ou qui changeraient la nature et le but de l'œuvre, de préférer la résiliation du contrat avec dommages-intérêts.

M. Frédéric Mettetal demande quelle sera la situation de l'éditeur si l'auteur refuse de faire les modifications nécessitées par les progrès scientifiques ou autres.

M. Ocampo indique que cette question était visée par le paragraphe final : C'est une atteinte aux intérêts commerciaux.

M. Harmand insiste à nouveau à propos de l'article 9 sur la nécessité de viser, en des chapitres différents, les règles d'édition d'œuvres artistiques ou littéraires.

M. Jules Clère croit qu'il peut y avoir un inconvénient à assimiler le directeur de journal à l'éditeur.

M. Harmand estime que la défense de reproduction insérée à propos des articles de journaux et revues est une dérogation aux principes généraux sur le droit d'auteur, dérogation que rien ne justifie.

M. Ocampo indique que la pensée des rédacteurs a été de protéger les directeurs contre une reproduction trop hâtive des auteurs.

M. Ferrari pense encore que la part faite par l'article 10-2° aux auteurs est trop belle en déclarant que le contrat pourra être résilié *quand l'éditeur est déclaré en faillite et que l'auteur ne reçoit pas du syndic de la faillite des garanties pour l'accomplissement du contrat dans son intégralité (art. 22).*

M. Pouillet critique l'expertise proposée en vue de la fixation des dommages-intérêts en cas de résiliation. Il préfère l'appréciation par le juge.

M. Desjardins appuie cette observation. La tendance à soumettre le dommage à l'arbitrage du juge s'est manifestée par la compétence attribuée en matière de brevets au juge civil de préférence au juge consulaire. L'expérience a démontré les heureux effets de cette réforme.

L'article 11 est ainsi libellé : *En cas de liquidation par l'éditeur des exemplaires invendus, ces exemplaires doivent être offerts à l'auteur avant d'être mis en solde, au prix auquel ils sont ordinairement soldés.*

Il donne lieu à explication. M. Ocampo précise le sens : On a voulu sauvegarder les droits de l'auteur contre un éditeur qui voudrait précipiter son œuvre à vil prix sur le marché.

L'Assemblée reconnaît que l'article proposé offre une grande utilité.

L'article 12 ainsi conçu : *L'éditeur est tenu de publier l'œuvre telle qu'elle lui est remise par l'auteur, ses représentants ou ses ayants cause; toute modification, toute suppression, toute addition, même sous forme de notes ou de préface, non consenties par l'auteur lui-même, lui sont interdites*, donne également lieu à commentaires. M. Hielart demande si on entend défendre par là un simple avis au public.

MM. Ocampo et Pouillet indiquent que l'article a pour but de sauvegarder les droits de l'auteur contre les atteintes que l'éditeur pourrait y porter de la meilleure foi du monde.

M. Ferrari croit au surplus l'article inutile; le droit commun permet de remédier aux infractions qui seraient portées au principe contenu en cette disposition.

M. DESJARDINS répond que l'article aura cette utilité d'empêcher pareille infraction. Celle-ci consommée, le mal serait fait et ne pourrait être entièrement réparé.

A propos de la disposition de l'article 13, qui oblige *l'éditeur à préparer une nouvelle édition aussitôt que les neuf dixièmes de la précédente sont écoulés*, M. JULES CLÈRE fait remarquer que le principe posé est excellent, mais offrira des difficultés d'exécution.

Il propose le maintien de la simple passe abandonnée en matière d'édition.

M. WAUWERMANS croit que la loi ayant la prétention d'être applicable en tous pays, il vaudrait mieux qu'on stipulât dans chaque contrat d'édition le nombre des exemplaires abandonnés pour le service de presse et autres.

M. FERRARI est adversaire de la stipulation qui, après avoir indiqué que *les honoraires sont dus à l'auteur toutes les fois que celui-ci n'y a pas formellement renoncé*, dit qu'*à défaut de stipulation ils sont fixés par le juge sur l'avis des experts.*

M. POUILLET renvoie aux considérations déjà exposées à propos du second paragraphe déclarant que les honoraires doivent être réglés en totalité lorsque chaque édition est mise en vente.

M. OCAMPO insiste sur la rédaction. Celle-ci a été adoptée pour bien déterminer que dans le contrat-type les honoraires doivent être basés non sur la vente, mais sur le tirage.

L'article 17 prévoit le cas où *l'édition préparée périt par cas fortuit avant sa mise en vente. Cet événement ne libère pas l'éditeur du payement des honoraires, mais il a le droit de faire rétablir les exemplaires détruits sans en devoir aucun supplément à l'auteur.*

A cet égard, M. HIÉLARD voudrait que l'auteur fût indemnisé des frais qu'il sera amené à faire. M. PANATONI signale que ces dépenses peuvent être fort élevées en cas de destruction de manuscrits d'œuvres musicales.

M. POUILLET fait remarquer que l'on fera peut-être un projet spécial pour ces œuvres.

L'article 18 réglait les devoirs de l'éditeur au sujet de la publicité. Il l'obligeait *de faire à l'œuvre la publicité qui est d'usage, d'en faciliter l'écoulement par les mesures les plus favorables.*

L'Assemblée croit cet article inutile et même injuste dans certaines de ses dispositions.

L'article 20 est renvoyé à la commission, et l'article 21 supprimé comme inutile.

L'article 22 porte :

22. *Le contrat est naturellement dissous :*
1° Quand l'œuvre périt par cas fortuit chez l'auteur;

2° Quand l'auteur meurt avant d'avoir achevé son œuvre, ou est incapable, ou empêché, par force majeure, de la terminer;
3° Quand, par le fait de circonstances étrangères à la volonté des parties contractantes, ou de lois édictées après la convention, le but vers lequel, d'après le contrat, tendait la publication, ne peut plus être atteint (22).

M. WAUWERMANS ne croit pas que le contrat doive être dissous dans ces diverses hypothèses, mais qu'on doit les considérer comme cause de résiliation possible.

M. LERMINA pense en outre que le premier cas visé donne large champ aux auteurs malhonnêtes désireux de se dégager d'un contrat qu'ils jugent défavorable.

L'article est renvoyé à la commission.

L'article 23 donne lieu à demande d'explications. M. OCAMPO précise que la commission a voulu empêcher la cession par un éditeur à un autre éditeur des droits et obligations du contrat. L'auteur a traité en considération de la personne, déclare M. POUILLET.

L'article 23 vise les droits des héritiers ou successeurs de l'auteur. Ils ne peuvent apporter ou laisser apporter à l'œuvre dont ils ont obtenu la jouissance ou qui est devenue leur propriété aucune modification. Toutefois, pour les œuvres scientifiques (ou historiques), ils peuvent les tenir ou faire tenir au courant des progrès de la science, quand l'auteur décédé, incapable ou empêché par force majeure, ne peut plus s'occuper de ce soin.

M. LERMINA combat le droit de revision accordé aux héritiers ou ayants droit. On ne devrait pouvoir toucher à l'œuvre que si l'auteur l'a formellement autorisé lors de la conclusion du contrat.

M. OCAMPO signale que la préoccupation de la commission a été inspirée par le désir de tenir au courant les encyclopédies-dictionnaires.

M. POUILLET précise bien qu'il ne s'agit que de mettre au courant les livres qui ont besoin d'être modifiés pour continuer à être vendus. Il ne s'agit pas de modifier des appréciations ou de modifier des opinions philosophiques.

M. HARMAND demande si l'éditeur peut publier des extraits de l'œuvre de l'auteur. Ce cas a-t-il été prévu?

M. FERRARI croit que la publication des œuvres choisies est une publication spéciale.

Cet examen terminé, le Congrès examine s'il y a lieu de représenter à Milan un projet de contrat comprenant l'édition des œuvres littéraires et des œuvres artistiques.

M. LERMINA croit qu'on peut commencer par les règles générales relatives à la publication des œuvres littéraires.

M. Ocampo, interrogé sur la législation en vigueur, répond que toutes les lois en vigueur règlent l'édition de toutes les œuvres en général.

M. Ferrari demande que le projet rédigé par la sous-commission soit soumis en temps utile à la Société des Auteurs italiens.

M. Panatoni croit nécessaire d'embrasser dans le projet toutes les éditions : sinon les paroles d'une œuvre musicale seraient régies par d'autres règles que la musique, les illustrations autrement que le texte.

L'Assemblée décide que le projet de contrat d'édition comprendra les œuvres littéraires musicales, les arts graphiques, les arts plastiques; en un mot, toutes les œuvres intellectuelles susceptibles d'édition, sous la réserve de grouper en des titres distincts les règles spéciales régissant chacune de ces catégories d'œuvres.

M. Lermina propose que la commission nommée par l'Association rédige dans les six mois un projet avec exposé de motifs qui sera soumis aux membres, à tous les intéressés et aux Sociétés qui voudront bien s'occuper de cette question.

EXAMEN DE LA LOI DANOISE

M. Ocampo donne lecture du texte de la loi communiquée par M. Frédéric Baetzmann et qui se trouve soumise à la seconde Chambre danoise. M. Pouillet fait remarquer que la loi danoise considère comme rentrant dans l'édition la représentation, et que le droit est compris dans la cession du droit d'auteur (1).

L'Assemblée critique la rédaction de l'article 10, qui laisse supposer que l'auteur pourrait faire représenter à la fois son œuvre sur deux théâtres différents. Elle trouve exagéré le délai de cinq ans accordé aux directeurs de théâtre et seulement à l'expiration duquel les auteurs pourront rentrer en possession du droit de représentation.

A la question formulée par M. Baetzmann, MM. Lermina et Pouillet répondent qu'en effet l'utilité de faire figurer dans la loi des dispositions semblables à celle qui précède ne serait pas admise en France.

M. Lermina approuve la disposition de la loi en tant qu'elle permet à toute personne de publier l'œuvre cédée entièrement à un éditeur, après un délai de cinq ans, si le tirage est épuisé et si l'éditeur refuse de faire un nouveau tirage.

L'Assemblée décide qu'un rapport sera présenté sur ce projet par M. Lermina en une séance ultérieure.

La séance est levée à six heures.

---

(1) Voir aux Annexes le rapport sur la loi danoise.

Séance du 1ᵉʳ octobre.

Présidence de M. POUILLET.

La séance est ouverte à neuf heures.

M. le président invite MM. Desjardins et Panatoni à prendre place au bureau.

M. le président soumet, comme sanction des délibérations du Congrès sur le contrat d'édition, la rédaction suivante :

Le Congrès de Neuchâtel décide qu'en vue de la préparation d'un projet de loi-type sur le contrat d'édition, il sera procédé à une enquête auprès des Sociétés et groupes qui ont pour objet la protection de la propriété intellectuelle sous ses diverses formes; les observations recueillies feront l'objet d'un rapport qui devra être rédigé et adressé aux intéressés dans les six mois qui suivront la clôture du Congrès, notamment par la voie du journal le Droit d'auteur, *l'organe officiel du bureau international, publié à Berne.*

L'Association littéraire et artistique internationale est, conformément à ses statuts, chargée de l'exécution de la présente décision.

L'ordre des travaux appelle la suite de la discussion du rapport de M. Davrigny. M. HARMAND résume les observations qu'il avait développées à la séance du 29 septembre. Comme sanction des idées qu'il a indiquées, M. Harmand dépose le vœu suivant:

La propriété de l'artiste sur les dessins qu'il remet aux journaux pour être publiés doit être assurée au même titre que celle de l'écrivain sur les articles qu'il y publie.

Ainsi que le journaliste, l'artiste devient propriétaire individuel de ses dessins dès la publication.

M. MAILLARD estime que le vœu à exprimer doit être conçu en des termes plus clairs. D'après une pratique que les directeurs de journaux voudraient faire consacrer, c'est le directeur qui deviendrait propriétaire du dessin. Il pense que cette pratique doit être repoussée, car l'artiste ne cède que le droit de reproduction, l'objet matériel doit rester à l'artiste en pleine et entière propriété. M. Maillard regrette que M. Harmand ait cru nécessaire de distinguer entre les dessins et les articles de journaux, car entre les uns et les autres une assimilation est impossible.

M. Maillard explique la différence qu'il y a lieu de faire, suivant que les dessins ont paru dans un journal ou dans un livre ; dans le premier cas, l'interdiction de reproduire imposée à l'artiste ne doit durer que pendant un certain temps, parce que les journaux n'ont d'actualité que durant un délai assez court. Pour les livres, au contraire, la concurrence existe toujours, à tout moment, dès que la republication est faite dans un livre d'un caractère analogue.

Comme sanction des observations qu'il vient de présenter, M. Maillard dépose le vœu suivant :

En principe, l'auteur d'une illustration destinée à des journaux et à des livres doit, à moins qu'il n'y ait stipulation contraire ou que l'illustration ne soit destinée à paraître sans signature, être considéré comme n'ayant cédé au directeur du journal ou à l'éditeur du livre que le droit de publier l'illustration dans le journal ou dans le livre pour lequel elle a été faite, et le dessin original, s'il n'a pas été détruit par le procédé de reproduction, fait retour à l'auteur.

L'auteur qui conserve ainsi ses droits sur son œuvre ne peut en user que dans un certain délai après la première publication dans le journal, et s'il s'agit d'illustrations pour un livre, que dans un ouvrage qui ne soit pas de nature à faire concurrence au premier et dont les dessins reproduits ne constitueraient pas la partie essentielle.

Quant aux planches, elles restent la propriété matérielle du directeur ou de l'éditeur.

M. LERMINA estime que la première partie du vœu, qui pose le principe du droit de l'artiste sur son dessin original, est excellente et doit être adoptée ; mais il pense, au contraire, que M. Maillard n'aurait pas dû entrer dans les détails tels, par exemple, que ceux dans lesquels il détermine d'une manière préfixe la durée du délai, passé lequel l'artiste peut à nouveau laisser paraître son dessin dans les journaux ; il aurait fallu tenir compte de la périodicité des journaux ou, mieux, laisser en blanc l'indication du délai ou, mieux encore, ne point entrer dans tous ces détails.

Pour M. MAILLARD la seconde partie du vœu qu'il a déposée doit être maintenue car, dans la pratique, il n'intervient pas de contrat écrit entre le directeur du journal et l'artiste ; on se borne à dresser une quittance dans laquelle, sans aucune spécification, l'artiste reconnaît avoir reçu une somme de...... pour tel ou tel dessin. Si l'orateur a cru devoir fixer un délai pour la republication, c'est qu'il vaut mieux éviter les procès et ne rien laisser, autant que possible, à l'arbitrage du juge.

M. MOREL fait observer que dans le vœu déposé par M. Maillard il existe des dispositions de deux ordres différents ; les unes se rattachent à l'idée de propriété artistique, et sont celles qui déterminent à qui appartient l'original du dessin : les autres concernent le contrat d'édition.

Dans ces conditions, M. le président fait observer qu'il serait préférable de renvoyer à la Commission du contrat d'édition la seconde partie du vœu de M. Maillard.

A la suite de cette remarque, la seconde partie du vœu est renvoyée à la Commission du contrat d'édition.

Sur la première partie du vœu, M. FERRARI fait observer qu'il vaut peut-être mieux s'abstenir de faire allusion au cas de destruction du dessin par le procédé de fabrication employé.

M. Desjardins approuve cette observation en insistant sur ce que, dans toutes les législations, il ne saurait y avoir de dommages-intérêts dans le cas de force majeure.

M. Harmand déclare, dans ces conditions, se rallier au vœu de M. Maillard puisqu'il accorde à l'artiste la même protection que celle qu'il désirait et qu'il est plus général que celui qu'il avait déposé, attendu qu'il s'applique aux livres en même temps qu'aux journaux.

Le vœu est alors voté dans les termes suivants :

En principe, l'auteur d'une illustration destinée à des journaux et à des livres doit, à moins qu'il n'y ait stipulation contraire ou que l'illustration ne soit destinée à paraître sans signature, être considérée comme n'ayant cédé au directeur du journal ou à l'éditeur du livre que le droit de publier l'illustration dans le journal ou dans le livre pour lequel elle a été faite. Le dessin original fait retour à l'auteur.

M. Harmand dépose ensuite le vœu suivant qui est immédiatement adopté :

Le Congrès émet le vœu que les affiches illustrées soient considérées comme une œuvre artistique qui doit être protégée comme les autres œuvres de même nature.

M. Bulloz dépose son rapport sur la question de

LA PROPRIÉTÉ PHOTOGRAPHIQUE (1).

Le principe de la propriété des œuvres photographiques a été longtemps combattu. Il a rallié peu à peu parmi ses défenseurs les artistes, les esthéticiens, puis les critiques d'art. Nombre de législations ont reconnu le droit pour lequel nous combattions.

M. Bulloz n'admet pas qu'on fasse une distinction entre les photographies et les autres œuvres artistiques et qu'une protection différente leur soit accordée. Il critique sur ce point le projet de loi anglais.

Abordant l'examen de la loi américaine, il signale le caractère étrange de l'article 4956, qui impose l'obligation de déposer à la Bibliothèque du Congrès deux exemplaires de la photographie à protéger et ajoute :

« Il est en outre prévu que lorsqu'il s'agira d'une photographie...
« les deux exemplaires qui doivent être remis ou déposés, ainsi
« qu'il a été dit plus haut, devront avoir été imprimés avec des
« clichés faits aux Etats-Unis ou sur négatifs ou clichés exécutés
« aux Etats-Unis. »

(1) Voir ce rapport dans le n° 18 du Bulletin.

Comment doit-on comprendre cette prescription?

Comment un photographe pourra-t-il exécuter sur le territoire américain les clichés de portraits d'hommes célèbres, de monuments, de vues, etc.? L'article 4956 ainsi compris paraît une absurdité.

Cela voudrait-il dire, par exemple, que le photographe devra faire son cliché en Europe ou en Asie, puis en faire la contrefaçon lui-même sur une glace américaine, avec des produits américains, en présence de témoins américains?

M. FERRARI expose l'état de la législation italienne sur la matière : la photographie n'est pas considérée comme un art, mais comme le résultat d'opérations chimiques, mécaniques, comme un procédé de reproduction. Si on déclarait que toute photographie constitue une œuvre artistique, cette déclaration aurait des conséquences très graves en présence des dispositions actuelles de la loi italienne. Il s'ensuivrait que l'auteur perdrait au bout de dix ans le droit de reproduction de son œuvre par les procédés photographiques.

L'orateur examine si toutes les œuvres photographiques doivent être considérées comme ayant caractère d'œuvres artistiques. Il ne le pense pas, mais estime cependant qu'elles doivent être protégées. Elles peuvent obtenir cette protection à un autre titre qu'à raison de leur caractère d'art.

M. PELLEGRINI combat l'opinion qui met sur le même rang une gravure et une photographie. Il suffit d'accorder au photographe la protection industrielle qui couvre les œuvres de céramique, tapisserie.

M. BULLOZ croit que si les œuvres photographiques n'étaient pas protégées comme œuvres artistiques, la protection serait moins efficace.

M. POUILLET demande quel peut être l'inconvénient de protéger la photographie à l'égal des œuvres artistiques, alors que les dessins ayant un caractère artistique des plus contestables bénéficient cependant de la protection attribuée aux chefs-d'œuvres. Il fait remarquer que le vœu proposé n'a d'autre but que de protéger les œuvres. Mais il ne se prononce pas sur le mode de protection. Il n'exclut pas les stipulations d'une loi spéciale.

M. FERRARI déclare qu'il est prêt à accorder protection à toutes photographies artistiques ou non.

M. DESJARDINS partage l'avis de M. Bulloz, mais pense qu'il y a lieu d'accorder aux œuvres photographiques non seulement les dispositions légales applicables aux arts graphiques, mais encore toutes autres.

M. FERRARI propose le vœu suivant :

Le Congrès, tout en reconnaissant le droit des œuvres photographiques à une protection légale, croit que cette protection ne peut être accordée que par une loi spéciale ou, tout au plus, prr des dispositions spéciales de la loi sur les droits d'auteur, sans aucune proclamation des caractères artistiques des produits photographiques.

M. POUILLET croit qu'il n'y a pas lieu de trancher la question du caractère artistique ou non des photographies.

Le Congrès adopte le vœu suivant, après une épreuve douteuse et par 10 voix contre 9 :

Il y a lieu d'accorder sans restriction aux œuvres photographiques le bénéfice des dispositions légales applicables à toutes les œuvres des arts graphiques.

M. DARRAS soumet le vœu suivant, qui est en conformité avec celui adopté à la Convention de 1889 à Berne. Il indique que si cette règle passait dans la *Convention de Berne*, il ne serait pas nécessaire d'attendre le remaniement des lois intérieures pour protéger la photographie :

Il est à désirer que, dans l'article 1er du protocole de clôture les mots : « où le caractère d'œuvres artistiques n'est pas refusé aux œuvres photographiques », soient remplacés par ceux-ci : « où les œuvres photographiques sont protégées par la loi. »

Ce vœu est adopté.

M. BAETZMANN présente son rapport sur l'état de la propriété littéraire dans les divers pays, notamment ceux qui n'ont pas adhéré à la Convention de Berne. De la nécessité du maintien des conventions existantes (1).

M. ROETHLISBERGER fait connaître les négociations en cours entre l'Autriche-Hongrie et l'Angleterre pour la protection des droits intellectuels.

M. BAETZMANN, en déposant son rapport sur l'état de la propriété littéraire dans les divers pays, fait observer qu'il ne croit pas que ce rapport puisse utilement donner lieu à une discussion. Ce qu'il a voulu donner n'est qu'un exposé de la situation actuelle. Il pense que cet exposé est assez complet. Il n'y a qu'à ajouter quelques renseignements sur l'Autriche et sur les Etats scandinaves. Dans la séance du 12 juin dernier de la Chambre des députés autrichienne, le député Haase avait adressé au ministère une interpellation au sujet de la conclusion d'un traité avec la Grande-Bretagne concernant la protection de la propriété intellectuelle. A cette interpellation, le comte Schonborn, ministre de la justice, donne, dans la séance du 11 juillet, la réponse suivante : « Le ministère de la justice de l'Autriche et celui de la Hongrie ont, depuis le mois d'avril de l'année courante, exprimé au ministère des

---

(1) Voir ce rapport dans le n° 18 du Bulletin.

affaires étrangères qu'ils étaient disposés à entrer en négociations avec le gouvernement de la Grande-Bretagne sur ce sujet. Les négociations relatives au traité sont donc déjà entamées. La conclusion du traité ne se fera probablement pas attendre. Le retard apporté à cette affaire est causé par la nécessité de laisser entrer en vigueur la convention entre l'Autriche et la Hongrie, conformément à la loi du 16 février 1887. Toutefois, les négociations ainsi ouvertes n'ont jusqu'ici donné aucun résultat.

Quant aux États Scandinaves, l'affaire est en assez bonne voie. Il est expliqué dans le rapport imprimé comment le gouvernement danois s'était adressé, il y a un an environ, aux gouvernements de la Suède et de la Norvège, pour les inviter à s'associer à un travail de revision uniforme des législations de tous les trois pays, en vue d'une adhésion commune à la Convention de Berne. Le gouvernement Suédois répondit par un refus net. Il ne faut pas s'en étonner trop. Je ne veux pas, dit M. Baetzmann, entrer dans la discussion soulevée récemment par un critique suédois, à savoir si la littérature de ce pays est réellemennt morte où si elle n'est qu'endormie. En tout cas, elle n'a pas la force de franchir ses frontières nationales. Tout autre est le cas avec la production littéraire et artistique en Norvège. Là l'hésitation du premier moment ne fut donc de longue durée, surtout quand on s'aperçut que le Danemark était résolu de marcher seul, si nécessaire. Grâce à des démarches pressantes faites par l'association des journalistes Norvégiens, le gouvernement de Christiania se mit en mouvement pour faire procéder, lui aussi, à la revision et à la codification de toute la législation norvégienne en matière de propriété littéraire et artistique, dans le but d'ouvrir la porte à l'entrée de la Norvège dans l'Union de Berne. Le projet gouvernemental danois était déjà voté par l'une des Chambres de ce pays; l'occasion de faire une loi absolument identique pour les deux pays était donc perdu; il fallait se contenter de lois analogues.

Il y a six semaines environ — poursuit l'orateur — le ministère norvégien des cultes et de l'instruction publique a bien voulu me confier la mission d'élaborer le projet de revision et de codification déjà indiqué, ainsi que de me rendre préalablement à Copenhague pour m'aboucher dans ce but avec le ministère danois. La situation était quelque peu délicate : je ne pouvais pas demander au gouvernement danois de remanier radicalement, selon mes idées personnelles, un projet déjà sanctionné par l'une de ses Chambres législatives. D'un autre côté, il m'était impossible d'approuver le projet danois en bloc. Je m'empresse d'ajouter que mes efforts pour profiter de l'occasion, sans en abuser, furent secondés de la manière la plus bienveillante, par les délégués du ministère danois : M. Stemann, directeur au ministère des cultes et de l'instruction publique, et M. Torp, professeur à l'université de Copenhague. Le résultat immédiat des conférences de Copenhague fut l'acception de la part du ministère danois de certaines modifications parmi lesquelles j'indique spécialement celle qui se rapporte à la traduction, où le système de la Convention de Berne fut remplacé par le système beaucoup plus large et simple préconisé plusieurs fois par nos Congrès comme le meilleur, tant que l'on n'ose pas encore inscrire dans la loi l'assimilation complète de la traduction et de la reproduction. C'est donc avec ces modifications que le gouvernement danois ira soumettre, dans un mois ou deux, son projet à celle des deux Chambres de ce pays — la Chambre des députés — qu'il reste à consulter. Je manquerais à tous mes devoirs, si j'oubliais d'exprimer ici toute ma gratitude — je dis : toute notre gratitude — au gouvernement danois au sujet, non seulement de son initiative intelligente, mais aussi de la manière dont cette initiative a été poursuivie. Cette expression de notre profonde reconnaissance, je vous prie de l'adresser d'une manière toute spéciale au jurisconsulte distingué auquel l'élaboration du projet gouvernemental avait été confié, M. Torp, à l'ancien ministre des cultes et de l'instruction publique, M. Scavenius, qui dans le Sénat danois fut le défenseur crânement courageux des idées du droit et de justice, ainsi qu'à son successeur, le ministre actuel M. Goos, qui n'hésita pas un seul moment à accepter les modifications en sens encore plus libéral que nous croyions pouvoir lui proposer. Si, dans un an ou deux, nous avons la grande joie de voir le Danemark et la Norvège, dotés de bonnes législations nationales, faire leur entrée dans l'Union de Berne, c'est surtout à ces trois hommes éminents que nous le devrons.

Après avoir indiqué quelques-unes des dispositions les plus importantes du projet gouvernemental danois, le rapporteur donne des renseignements — d'un caractère plus confidentiel, assure-t-il — sur les chances de l'essai de faire entrer les deux pays dans le giron de la Convention de Berne. Certes, il ne faut pas se faire des illusions : il y a pas mal des difficultés à vaincre. Il termine en disant : il y a quatre ans, au Congrès de Genève, après l'échec subi par le gouvernement norvégien au sujet de notre adhésion à la convention de 1886, j'exprimai ma conviction, que, néanmoins l'Union trouverait ses premières recrues dans le Nord scandinave. Cette conviction, je ne l'ai jamais perdue, malgré tout, et aujourd'hui je la proclame de nouveau.

M. POUILLET remercie, au nom du Congrès M. Bætzmann de son intéressante communication, puis il cède le fauteuil de la présidence à M. Desjardins.

DE LA REVISION DE LA CONVENTION DE BERNE

M. POUILLET précise les diverses améliorations à introduire dans le régime de la Convention de Berne.

Il propose la suppression de la caution *judicatum solvi*, mais sous réserve de cette sanction que les jugements définitifs rendus dans un pays soient exécutoires dans les autres, sous réserves d'exequatur.

La suppression pure et simple de la caution aurait cet inconvénient de mettre les écrivains, les artistes étrangers à l'abri des conséquences des procès téméraires qu'ils seraient tentés d'engager.

M. Wauwermans est partisan de la suppression de la caution *judicatum solvi*. Il combat la réserve proposée par le rapporteur. Nous devons viser à faire œuvre pratique, et il ne croit pas qu'on puisse introduire un tel système dans la Convention de Berne revisée : ou bien les Conventions de pays à pays ont déjà admis le principe de l'exequatur, et ce pour toutes matières. En telle hypothèse, la sanction à introduire dans l'Union est inutile. Si au contraire l'exequatur a été repoussé pour les matières civiles, il ne sera pas accepté et surtout dans une matière spéciale. Au surplus, la justice de certains pays peut ne pas offrir assez de garanties pour que les autres nations s'engagent à entériner ses sentences.

M. Pouillet répond à ces observations, et maintient le système qu'il a exposé. Il objecte que si un auteur a recouru à la justice d'un pays étranger il doit accepter sa sentence sans se plaindre de la façon dont cette justice est organisée. Il a choisi ses juges.

M. Morel pense que l'on pourrait en tout cas supprimer la caution. Les nations feraient de cette disposition l'objet de traités particuliers. Il croit qu'il n'y aurait pas d'inconvénient à déclarer les jugements exécutoires en ce qui concerne les frais.

La proposition de M. Wauwermans tendant à supprimer cette sanction est repoussée et le vœu proposé par M. Pouillet est adopté.

La séance est levée à midi.

Séance du samedi 3 octobre 1891.

La séance est ouverte à neuf heures un quart sous la présidence de M. Pouillet.

MM. Panatoni et Desjardins sont invités à prendre place au Bureau.

Il est donné lecture du procès-verbal de la séance du jeudi 3 octobre 1891.

Le procès-verbal est adopté.

Au sujet du procès-verbal, M. Baetzmann demande la permission de faire la déclaration suivante :

« Dans mon rapport sur l'état de la propriété littéraire dans les
« divers pays, j'avais indiqué parmi les causes de la situation
« ébranlée où se trouve aujourd'hui le régime conventionnel, en
« matière de propriété littéraire et artistique, certains abus de ce
« régime dont à tort ou à raison on se plaint. J'avais cité quelques-
« unes de ces récriminations, formulées en Suisse par M. d'Orelli
« dans une conférence publiée dans le *Droit d'auteur* du 15 février
« 1891, et en Belgique par plusieurs articles de l'*Indépendance*

« *belge*. J'avais ajouté que le Congrès n'aurait pas à discuter la
« valeur de ces récriminations, mais qu'il était impossible de les
« passer sous silence, au moment où il s'agit de se rendre compte
« des chances de vie ou de mort des Conventions existantes.

« Notre collègue M. Souchon, dont nous regrettons tant l'absence,
« a cru devoir soumettre les assertions contenues dans la confé-
« rence de M. d'Orelli et dans les articles de l'*Indépendance belge*
« à une réfutation détaillée. Le mémoire de M. Souchon n'est
« arrivé à Neuchâtel qu'après la séance du jeudi, où mon rapport
« a été développé; il est d'une étendue assez considérable. Dans
« ces circonstances, je ne pense pas qu'il y ait d'autre chose à faire
« que de déposer le mémoire de notre honorable collègue sur le
« bureau, et d'enregistrer sa protestation motivée contre les accu-
« sations de « procédés abusifs » dirigés contre les agences de
« perception françaises.

« Je continue à croire, comme je l'ai déjà dit dans mon rapport,
« que notre Congrès n'est pas le lieu où la valeur de ces assertions
« contradictoires puisse être utilement discutée.

« Mais, en même temps, je tiens à constater l'importance de la
« question et l'intérêt que présentent les observations de M. Sou-
« chon, regrettant personnellement qu'elles n'aient été présentées
« que longtemps après les récriminations suisses et belges, et
« qu'elles n'aient pas été portées à la connaissance du même
« public devant lequel M. d'Orelli et l'auteur des articles de l'*In-
« dépendance belge* ont plaidé leur thèse. »

Le Congrès décide que le rapport de M. Souchon sera déposé aux archives de l'Association.

M. MOREL annonce que « M. de Hesse Wartegg et M. d'Orelli se
« font excuser de ne pouvoir assister au Congrès de Neuchâtel, et
« que le premier, actuellement aux Etats-Unis, donne certaines
« informations relatives à l'application de la loi américaine sur le
« *Copyright* ».

Le Congrès charge le bureau d'adresser le télégramme suivant à M. JULES JURGENSEN, au Locle :

« L'Association littéraire et artistique internationale remercie
« chaleureusement M. Jurgensen de la magnifique réception qu'il
« avait préparée, et lui adresse, avec la nouvelle expression de sa
« gratitude, ses regrets profonds, de n'avoir pu y faire honneur
« comme elle l'eût souhaité. »

L'ordre du jour comporte la suite de la discussion sur la *Revision de la Convention de Berne*.

M. POUILLET cède le fauteuil de la présidence à M. DESJARDINS.

M. POUILLET, reprend le développement de son rapport paragraphe 2 sur la revision de la Convention de Berne en ce qu'il a trait à la « *dispense de formalités dans le pays d'origine* ».

Il fait ressortir que la Convention d'union n'astreint l'auteur qu'à l'accomplissement des formalités exigées dans le pays d'origine, c'est-à-dire en principe dans le pays où l'œuvre est pour la première fois publiée; disposition très claire, qui simplifie les formalités exigées dans chaque pays par la loi nationale ; de là, par exemple, autant de dépôts que de pays.

Aussi, l'orateur ne comprend pas bien comment le paragraphe 3 de l'article 9, reprenant en quelque sorte une partie de ce que l'article 2 concède, a pu dire : « Les stipulations de l'article 2 s'appliquent également à l'exécution des œuvres musicales non publiées « ou de celles qui ont été publiées, *mais dont l'auteur a expres-* « *sement déclaré sur le titre ou en tête de l'ouvrage qu'il en in-* « *terdit l'exécution publique.* »

Il ressort de là que, malgré la stipulation formelle de l'article 2, l'exercice du droit d'exécution des œuvres musicales est soumis à une formalité autre que celle du pays d'origine. Ce qui a frappé la commission du programme et la conférence de 1889, c'est la contradiction qui existe entre l'article 2 et l'article 9 de la Convention; aussi il est du devoir du Congrès de la signaler et d'en demander la suppression.

Le Congrès adopte le vœu suivant, proposé par la Commission :

L'article 2 de la Convention de Berne n'imposant pour la garantie du droit des auteurs que l'accomplissement des formalités prescrites par la législation du pays d'origine, il est désirable que la conférence diplomatique supprime la seconde partie du paragraphe 3 de l'article 9 qui, en imposant la formalité d'une mention d'interdiction en tête des œuvres musicales, semble en contradiction avec les dispositions du paragraphe 2 de l'article 2.

M. POUILLET aborde ensuite la question du DROIT DE TRADUCTION, qu'il regarde comme un article de foi, comme un dogme ; de sorte que la traduction n'est qu'un mode de reproduction, et que, par suite, le droit exclusif de traduction se confond avec le droit de l'auteur sur l'original; il fait remarquer pourtant que cette idée si simple est une de celles qui présentent le plus de divergenses dans les différentes législations, et que beaucoup de pays n'accordent à l'auteur le droit de traduction que pour un temps assez court, plus court en tout cas que le temps accordé au droit sur l'original. Les Congrès n'ont cessé de protester contre cet état de choses, et il demande au Congrès de Neuchâtel de voter le vœu suivant :

La traduction n'est qu'un mode de reproduction; le droit de reproduction qui constitue la propriété littéraire, comprend nécessairement le droit exclusif de traduction.

M. LUCAS dit que lorsque l'Association a émis ce vœu pour la première fois elle n'était que littéraire et non pas encore artistique; il demande que le vœu soit étendu aux œuvres artistiques, et que l'expression de *propriété littéraire* que comporte le vœu soit remplacée par la suivante : *propriété intellectuelle.*

M. FERRARI approuve en principe le vœu proposé, mais il pense qu'il doit s'appliquer non seulement aux œuvres littéraires, mais encore aux œuvres artistiques, plastiques et graphiques, et, s'appuyant sur la loi italienne, il fait ressortir que la reproduction notamment d'une statue n'est que la traduction d'une œuvre.

M. JULES LERMINA pense que si l'on s'engageait dans la voie que propose M. Ferrari on restreindrait les droits des auteurs au lieu de les étendre, et qu'en assimilant la reproduction d'une œuvre d'art à une production, on pourrait restreindre à dix ans le droit de protection de l'œuvre.

M. POUILLET appuie le dire de M. Lermina.

M. MOREL fait remarquer que la Convention de Berne protège les œuvres artistiques; en suivant M. Ferrari, le Congrès ferait un pas en arrière.

M. FERRARI soutient son dire et dépose sur le bureau la proposition suivante :

Le droit de traduction des œuvres littéraires, scientifiques et artistiques est réservé à l'auteur de l'œuvre originale, de même que le droit de reproduction.

M. POUILLET, continuant, ne se dissimule pas que le vœu formulé est platonique et que l'on a peu de chance de voir la prochaine conférence se l'approprier et la faire passer comme une règle définitive dans la Convention ; c'est pour cela qu'à côté du vœu principe la Commission propose de formuler un vœu plus modeste à titre subsidiaire et dont il donne lecture :

« Il est au moins à désirer que les auteurs ressortissant à l'un
« des Etats contractants soient admis à jouir, dans tous les autres
« pays de l'Union, du droit exclusif de traduction, pendant toute
« la durée de leur droit sur l'original, s'ils ont fait usage de ce
« droit dans un délai de dix ans. »

M. LUCAS demande la réunion des deux vœux dont lecture a été donnée par M. Pouillet, après avoir modifié le deuxième vœu en ajoutant après « du droit exclusif de traduction » des œuvres littéraires.

M. POUILLET s'oppose à la réunion des deux vœux, répétant que le premier des vœux, qui doit être considéré comme platonique, pourrait avoir comme conséquence de faire rejeter le second ; il repousse également toute modification de rédaction ; on ne traduit que des œuvres littéraires, dans le langage diplomatique « *traduction* » signifie faire passer une langue d'un idiome dans un autre ; il ne faut pas lui donner un autre sens.

M. PANATONI croit que M. Ferrari a mal interprété la loi italienne, que le mot *traduction* ne doit s'appliquer qu'aux œuvres littéraires et que lorsqu'il s'agit d'œuvres d'art on doit employer le mot *reproduction*.

M. Harmand dit que l'on doit laisser un sens purement littéraire à la traduction.

M. Ferrari demande qu'il soit voté sur sa proposition.
Le Congrès s'y refuse.

M. Lucas voudrait qu'elle fût insérée au procès-verbal, le Congrès repousse cette proposition.
Le Congrès adopte ensuite, successivement, les deux vœux proposés par M. Pouillet:
Le vœu de dogme et le vœu subsidiaire.

M. Pouillet aborde le paragraphe 4 de son rapport « Des articles de journaux ».
Il lit le texte du vœu qui a été voté par le Congrès de Londres sur le rapport de M. Chaumat.
Il considère ce vœu comme le droit idéal; c'est l'assimilation de l'article de journal quel qu'en soit le sujet à tout autre écrit, à toute œuvre littéraire; il ne pense pas pourtant que dans l'état actuel des législations, les articles de journaux, tous les articles de journaux, à la seule exception des télégrammes ou faits-divers, soient placés d'emblée sur la même ligne que les autres productions littéraires, la distance à parcourir est trop grande et ne saurait être franchie d'un saut: Tâchons de gagner quelque chose dans la réunion de la prochaine revision de la Convention pour arriver peu à peu à notre idéal, et bornons-nous à demander la modification de l'article 7 de la Convention en émettant le vœu suivant que vous propose la commission:

« Il est à désirer que l'article 7 de la Convention soit modifié de
« la façon suivante:
« Les articles extraits de journaux ou recueils périodiques
« publiés dans l'un des pays de l'Union pourront être repro-
« duits, en original ou en traduction, dans les autres pays de
« l'Union.
« Mais cette faculté ne s'étendra pas à la reproduction, en original
« ou en traduction, des romans-feuilletons, ou des articles dési-
« gnés généralement sous le nom de chroniques littéraires, chro-
« niques de science, ou d'art.
« En aucun cas l'interdiction ne s'appliquera aux articles de
« discussion politique ou à la reproduction des nouvelles du jour
« ou faits-divers. »

M. Baetzmann dit qu'il est devenu de plus en plus sceptique au sujet de la possibilité de trouver un régime international concernant les échanges de la presse périodique. L'article 7 de la Convention de Berne est le résultat d'un compromis entre des opinions très divergentes. Elle a eu une naissance extrêmement laborieuse et elle n'en porte que trop les traces. A la première conférence diplomatique de 1884 on avait adopté, presque sans changements, les dispositions très compliquées de la loi allemande. A la seconde conférence, un tout autre système fut proposé. Les discussions furent assez vives. A un moment donné la délégation anglaise, très opposée au système allemand, demanda s'il ne valait pas mieux de ne rien dire dans la Convention et laisser toute cette matière aux législations nationales. C'est peut-être à quoi on se décidera à la prochaine conférence diplomatique. La physionomie du journalisme diffère essentiellement de pays à pays, et il est, de plus, très mobile. On ne trouvera pas une formule d'ensemble. Celle adoptée au Congrès de Londres n'est pas une formule à introduire dans une loi; c'est une définition scientifique et française. La formule proposée cette année-ci par M. le rapporteur est plus courte, plus nette, mais elle ne pourra pas être introduite dans une convention internationale. Même le mot « chronique » n'a pas d'équivalent dans les autres langues. De plus, l'orateur ne croit pas à la nécessité d'une réglementation internationale sur ce point. La presse se débrouillera parfaitement sans elle.

M. JULES LERMINA dit que l'écrivain doit toujours être protégé aussi bien s'il fait un livre ou s'il écrit dans un journal; on ne doit pas s'attacher à la façon dont la publication est faite, on ne peut pas plus reproduire ce qui est dans un journal que dans un livre.

M. POUILLET pense qu'en présence des difficultés que l'on a signalées, il serait peut-être préférable de ne pas mettre l'article aux voix.

Le Congrès, consulté, se prononce pour l'ajournement du vœu.

M. POUILLET développe la partie de son rapport ayant trait à l'*adaptation*, il cite le premier paragraphe de l'article 10 de la Convention de Berne qui est ainsi conçue :

« Sont spécialement comprises parmi les reproductions illicites, « auxquelles s'applique la présente convention, les appropriations « indirectes non autorisées d'un ouvrage littéraire ou artistique, « désignés sous des noms divers, tels que *adaptations, arran-* « *gements de musique,* etc., lorsqu'elles ne sont que la reproduc- « tion d'un tel ouvrage, dans la même forme ou sous une autre « forme, avec des changements, additions ou retranchements non « essentiels, sans présenter d'ailleurs le caractère d'une œuvre « originale. »

Tout en approuvant la rédaction de l'article, il voudrait que les mots « *dans la même forme ou sous une autre forme* » fussent précisés et suivis de ceux-ci qui les compléteraient : « *comme la transformation d'un roman en pièce de théâtre et vice versa.* »

Malheureusement l'article 10, que l'on ne pourrait qu'approuver s'il s'en tenait là, contient un second paragraphe qui est comme la rétractation du premier; il ajoute en effet: « *Il est entendu que, dans l'application du présent article, les tribunaux des divers pays de l'Union tiendront compte, s'il y a lieu, des réserves de leurs lois respectives.* »

Ce qui veut dire, en d'autres termes, que les pays dont les lois ne prohibent pas l'adaptation ou la tolèrent continueront de la tolérer et même de la permettre; il est du devoir du Congrès de protester et d'émettre le vœu suivant que nous lui demandons de voter :

« *Le second paragraphe de l'article 20 de la Convention doit être supprimé.* »

Mis aux voix, ces deux vœux sont adoptés.

M. POUILLET passe ensuite à l'examen de l'article 6 de son rapport, la *Rétroactivité*; il fait remarquer que c'est une des questions qui ont soulevé le plus de difficultés, bien que les dispositions de l'article 14 de la Convention et de l'article 4 du protocole de clôture se complétant mutuellement paraissaient devoir donner toute sécurité aux auteurs et qu'il semblait que toute œuvre non tombée dans le domaine public dans le pays d'origine au moment de la convention devait désormais être respectée dans tous les pays de l'Union, encore qu'avant la convention elle eût pu être usurpée au détriment de l'auteur et sans qu'il fût en mesure de défendre ses droits.

Il eût été facile de prendre une mesure pour assurer l'application de l'article 14, par exemple, en soumettant à l'estampille les exemplaires en cours de publication ou déjà imprimés, ainsi que les bois clichés, planches gravées, pierres lithographiques existant au moment des traités, avec prohibition d'en faire usage après un certain délai passé.

La convention d'Union n'ayant pas pris cette mesure, il s'est trouvé qu'en Angleterre une loi du 25 juin 1886, faite en vue de l'application de la Convention de Berne, a disposé que, dans le cas où, avant la promulgation de l'ordonnance, une personne aurait publié légalement une œuvre dans le Royaume-Uni, rien dans cet article ne viendra apporter diminution ou préjudice aux intérêts ou droits nés ou résultant d'une telle publication, qui subsistent et sont reconnus valables à ladite date.

Armés de cette loi, les éditeurs anglais qui, avant la Convention, avaient publié des ouvrages d'auteurs étrangers sans leur autorisation, continuent de le faire, et il y a même ceci de particulier, c'est qu'avant la Convention l'œuvre était considérée comme dans le domaine public, et un éditeur pouvait leur faire une concurrence qu'aujourd'hui ils n'ont plus à redouter; cette loi, en un mot, fait le jeu de ceux qui, à l'origine, ont été légalement contrefacteurs. Aussi la commission propose-t-elle au Congrès, pour remédier à cette situation intolérable, de formuler le vœu suivant :

« Il est désirable que l'article 14 de la Convention de Berne
« reçoive, dans tous les pays de l'Union, une application conforme
« à son esprit. En conséquence, il est à souhaiter que l'attention
« des gouvernements contractants soit appelée sur la nécessité de
« déterminer, par une estampille ou par tout autre moyen, un
« délai passé lequel les faits antérieurs à la Convention ne pour-
« ront plus créer de droits aux tiers à l'encontre du droit exclusif
« qu'elle reconnaît aux auteurs. »

Adopté.

M. Lucas demande, à propos de l'ordre du jour qui comporte l'étude des questions qui peuvent être soulevées lors de la revision prochaine de la Convention de Berne, qu'il soit fait une modification dans l'article 4 de la Convention de Berne, relativement à l'architecture, et qu'en conséquence le Congrès exprime le vœu suivant :

« Le Congrès international, réuni à Neuchâtel, exprime le vœu
« que, dans les modifications qui pourraient être apportées à la
« Convention de Berne, les *œuvres d'architecture* prennent à
« l'article 4 place après le mot *sculpture* et avant le mot *gra-*
« *vure*. »

La proposition mise aux voix est adoptée.

M. Harmand, au nom de M. Wauwermans, propose au Congrès d'adopter comme *desideratum* à introduire dans la Convention de Berne la proposition suivante :

« Est, jusqu'à preuve du contraire, présumé auteur celui dont
« le nom figure sur une œuvre et, à défaut de pareille mention,
« l'éditeur de cette œuvre. »

M. Morel fait remarquer que la Convention de Berne résout le vœu de M. Wauwermans, et, en son absence, il lui paraît difficile de se prononcer sur la question, qui a sans doute trait à une loi belge.

Le Congrès se range à l'avis de M. Morel.

M. Lobel donne communication du vœu suivant proposé par M. Souchon :

« Est considéré comme pays d'origine de l'œuvre celui de la pre-
« mière publication ou, si cette publication a lieu simultanément
« dans plusieurs pays de l'Union, celui d'entre eux dont la publi-
« cation accorde la durée la plus longue. »

M. Pouillet dit que ce vœu est en désaccord avec toutes les conventions, et il lui semble bien difficile de le soumettre à l'approbation du Congrès.

M. Ferrari pense également qu'il y aurait des difficultés à adopter un pareil vœu ; il croit que l'on doit se borner à l'insérer au procès-verbal.

Approuvé.

M. Jules Lermina donne ensuite lecture de son rapport sur la loi danoise.

Ce rapport intéressant est renvoyé à une commission qui présentera au comité exécutif un travail définitif (1).

---

(1) Voir aux Annexes le rapport sur la loi danoise.

M. METTETAL constate les services rendus par le bureau de Berne et il pense que l'on ne saurait adresser trop de remerciements à M. Morel et à ses collaborateurs pour l'aide qu'il n'ont jamais cessé, en toute circonstance, de prêter à l'Association pour l'accomplissement de sa tâche (*Applaudissements prolongés*), il voudrait que le bureau de Berne tînt un registre où l'on transcrirait tous les vœux votés par l'Association dans ses Congrès.

M. MOREL remercie M. Mettetal de ses paroles flatteuses; son plus grand désir est de témoigner à l'Association un dévouement sans limites, mais ce que demande M. Mettetal est une question administrative sur laquelle il ne peut pas lui-même prendre de décision; il pense que le centre de réunion des vœux que l'on demande serait d'une grande utilité et que la question pourrait être soumise à la réunion diplomatique qui se réunira à Paris en 1892 pour la revision de la Convention de Berne.

M. METTETAL donne lecture des deux propositions suivantes :

1° *Le Congrès émet le vœu que lors de la revision de la Convention de Berne il soit adjoint au Protocole les dispositions suivantes.*

Une copie de l'acte d'enregistrement du dépôt des œuvres artistiques ou littéraires, dans les pays ressortissant de l'Union où cette formalité est exigée, sera communiquée au bureau de Berne par les gouvernements respectifs.

2° *Le Congrès émet le vœu que le bureau de Berne soit chargé dans les pays ressortissant de l'Union de s'entourer de tous les renseignements ayant trait à la généalogie de l'œuvre, et à l'état des droits privatifs auxquels elle a donné naissance.*

Le Congrès adopte.

M. LOBEL propose au Congrès de vouloir bien voter le vœu suivant, que M. Souchon soumet à son approbation :

« L'article 3 du protocole de clôture de la Convention de Berne
« ne s'appliquant qu'aux boîtes à musique et aux orgues de Bar-
« barie, l'usage de tous organes et accessoires interchangeables
« quelconques, tels que cartons perforés, disques, etc., constitue
« le fait de contrefaçon musicale. »

M. POUILLET demande au Congrès, tout en approuvant la proposition de M. Souchon, d'adopter la rédaction de la Conférence de Berne de 1889 :

Il est à désirer que l'article 3 du protocole de clôture soit restreint aux boîtes à musique et aux orgues de Barbarie et ne soit pas étendu à l'usage des organes et accessoires interchangeables, tels que cartons perforés, etc., servant à reproduire mécaniquement les airs de musique.

Adopté.

M. Prost demande, pour éviter à l'avenir tout malentendu, que le Comité exécutif ne puisse changer le lieu de réunion du Congrès.

M. Pouillet fait observer que la demande de M. Prost doit être soumise non pas au Congrès, mais au Comité exécutif de l'Association.

Il est ensuite procédé à la nomination des membres du Comité d'honneur, en remplacement de ceux dont l'Association a éprouvé la perte.

Sont élus par acclamation :
M. Cornaz;
M. Aimé Humbert;
M. Carl Batz.

Le Congrès procède également à l'élection des membres du Comité exécutif pour la session 1891-1892.

Les membres faisant partie de l'ancien Comité sont réélus; le Congrès y ajoute les membres suivants, sur la proposition de M. le secrétaire perpétuel :

Pour l'Allemagne, MM. Robert Schweichel et Gustave Dierks.

Il rappelle que MM. Schweichel et Dierks, après les incidents qui ont empêché la réunion du Congrès à Berlin, avaient, sous la forme la plus courtoise, donné leur démission. Il propose et le Congrès accepte que figure au procès-verbal une mention spéciale affirmant que le Congrès, en réélisant MM. Schweichel et Dierks, tient à leur donner une preuve toute particulière d'estime et de confraternité et désire que tout souvenir du malentendu passé soit effacé.

Puis sont ensuite élus :
Pour l'Angleterre, M. Edwin Guest;
Pour l'Espagne, M. Eduardo de Huertas;
Pour les États-Unis, M. Paul Oeker;
Pour la France, MM. Vaunois, Maillard, Darras et D. Lobel;
Pour l'Italie, MM. Pellegrini, Panatoni et Ferrari;
Pour la Roumanie, M. Al. Djuvara;
Pour la Suisse, MM. Rœthlisberger et Mentha.

M. Panatoni dit qu'il ne peut pas laisser clore le Congrès sans exprimer à M. Jules Lermina toute la reconnaissance que l'Association lui doit pour le dévouement et le zèle qu'il ne cesse d'apporter pour l'accomplissement de l'œuvre qu'elle poursuit, car c'est à son initiative, à son mérite et à son travail que l'on doit de la voir s'accomplir. (*Applaudissements prolongés.*)

M. Jules Lermina remercie M. Panatoni et le Congrès des marques de sympathie que l'on vient de lui témoigner, mais il ne veut pas qu'elles s'adressent à lui seul, car il a pour le seconder des collaborateurs dévoués, M. C. Ebeling, secrétaire général, et les secrétaires MM. A. Ocampo, A. Wauwermans, A. Vaunois et H. Lobel, qui lui ont facilité sa tâche.

M. le Président s'associe aux témoignages de reconnaissance que vient d'exprimer M. Panatoni, et dit que M. J. Lermina les mérite sincèrement et que c'est par modestie qu'il veut en faire rejaillir une partie sur ses collaborateurs.

La séance est levée à 11 heures 3/4.

Procès-verbal de la deuxième séance du 3 octobre 1891.

La séance est ouverte à trois heures.

MM. Cornaz, Pouillet, Aimé Humbert, Bætzmann, Desjardins, prennent place au Bureau.

M. Pouillet prononce l'allocution suivante :

Mesdames, Messieurs,

Le Congrès a terminé ses travaux, et nous allons nous séparer ; déjà beaucoup de nos collègues sont partis, me priant de les excuser. J'ai conscience que nous avons fait une bonne besogne. Il n'entre pas dans mon esprit de passer ici en revue toutes les questions que nous avons traitées. Elles ont un caractère trop spécial pour que je me hasarde à vous en entretenir.

Il en est une pourtant qui mérite de vous être signalée : c'est celle qui a trait à la loi américaine. Pour la première fois, les Etats-Unis consentent à reconnaître le droit des auteurs étrangers. Certes, la loi est loin d'être parfaite ; il s'en faut même de beaucoup qu'elle soit bonne. Si elle devait être le dernier mot du législateur américain, elle ne vaudrait pas la peine seulement qu'on y prît garde ; mais si on la considère comme une promesse, il faut se féliciter de l'avoir obtenue. Toute législation naissante est pareille à l'enfant qui commence à marcher. Son premier pas est timide, incertain, indécis ; mais, ce premier effort accompli, sa marche est bientôt assurée. La loi américaine ne sera pas longtemps sans s'améliorer ; j'en suis certain. C'est un soleil nouveau qui se lève ; saluons en l'aurore avec joie. Félicitons surtout nos amis d'Amérique, et l'American Copyright League en première ligne, de la campagne qu'ils ont entreprise, qu'ils ont menée à bien, et, après laquelle, malgré leur victoire, ils ne se reposent pas encore.

M. Lermina, au banquet de Chanelaz, disait que plus les auteurs étrangers sont protégés dans un pays, plus la littérature nationale s'y développe. Il avait raison. Il ne suffit pas à une nation, pour avoir une littérature propre, de posséder des auteurs de talent, il faut encore que ces auteurs parviennent à se faire connaître et à se répandre. C'est l'affaire des éditeurs. Or, quel intérêt un éditeur a-t-il à publier l'ouvrage inconnu d'un écrivain inconnu lui-même et de courir les risques d'un insuccès, quand il lui suffit de puiser à pleines mains, sans bourse délier, dans les chefs-d'œuvre étrangers qui ont fait leurs preuves et qu'il est ainsi assuré de la réussite de son opération ? L'assimilation de l'étranger aux nationaux, en matière de littérature, comme en beaucoup d'autres matières, est encore le meilleur moyen pour un pays d'inciter et d'encourager la production nationale.

M. le conseiller d'Etat, Robert Comtesse exprimait au même banquet la crainte que, grâce à nos efforts, les auteurs fussent un jour trop protégés. Je ne sais si ce jour viendra jamais ; mais je puis affirmer qu'il n'est pas encore venu. Pour s'en convaincre, on n'a qu'à jeter un coup d'œil sur la plupart des législations ; même les plus libérales mesurent parcimonieusement aux auteurs leur protection. On ne peut nier, j'imagine, que le droit des auteurs soit une propriété. Un orateur français disait même à la fin du siècle dernier que c'était la plus sacrée et la plus inviolable de toutes les propriétés, parce qu'elle était la plus personnelle et qu'elle empruntait quelque chose de notre être, de notre vie, de notre âme. Or, voyez le contraste. La propriété ordinaire se transmet à perpétuité ; toucher à cette propriété passe même pour un acte révolutionnaire de nature à ébranler les fondements de l'édifice social tout entier. Au contraire, la propriété de l'auteur est essentiellement limitée et temporaire. L'auteur qui meurt parfois au lendemain de la publication de son œuvre (Hérold en est un exemple) ne transmet la jouissance de sa propriété à ses enfants que pour une durée de cinquante ans, ou même de trente ans, suivant les pays.

Ensuite, s'enrichit qui veut avec son ouvrage. A Dieu ne plaise que je demande pour l'auteur une propriété perpétuelle ; mais puisqu'elle est si courte, n'est-il pas juste que l'auteur et, après lui, ses héritiers, puissent jouir de leur droit d'une façon exclusive et jalouse ?

Mais je ne veux pas m'étendre davantage, je fatiguerais bien vite votre attention.

Aussi bien, l'heure passe, et je dois prendre congé de vous, l'heure des adieux est venue. C'est l'heure mélancolique et triste, qu'on voudrait pouvoir retarder. Nous étions si bien accueillis ici, grâce à cette petite cocarde blanche qui nous ouvrait toutes les portes, nous nous trouvions si à l'aise au milieu de vous que nous finissions par nous croire nous-mêmes devenus bourgeois de Neuchâtel et que nous ne songions plus au départ.

Le sentiment du devoir nous rappelle à la réalité. Il faut partir ; il faut quitter tout ce qui, depuis une semaine, nous a tant charmés ici, la nature d'abord qui n'a cessé de nous prodiguer ses grâces, ses caresses, ses sourires ; les Alpes, contrairement à leur habitude, mettaient leur coquetterie à se dégager des nuages chaque jour, presque à heure dite, et se montraient à nous dans toute leur splendeur. Le lac lui-même semblait prendre des tons plus azurés et plus transparents. Nous nous en allons, les yeux éblouis par toutes les beautés que nous avons vues.

Après la nature les hommes, et quels hommes ! Le président du Conseil d'Etat M. Cornaz, l'auteur du Code pénal récemment entré en vigueur à Neuchâtel, et que quelques-uns d'entre nous se proposent d'étudier, dès qu'ils seront rentrés dans leurs foyers, pour y puiser des leçons et des enseignements ; M. le professeur Aimé Humbert, le patriote de 1848, qui a commencé d'écrire l'histoire de la révolution dont il fut l'un des premiers et des plus fidèles serviteurs ; M. Philippe Godel, le poète charmant, qui a chanté les enfants ; M. Jeannent, le peintre du naturel et du vrai ; M. Henri Warnery, auquel je faisais hier un emprunt dans mon toast du Saut du Doubs, et dont je vous demande la permission de citer aujourd'hui une strophe sur le livre, qui s'applique à merveille à nos travaux. Il a dit, dans son poème intitulé *les Origines* :

> Le livre, ô Gutenberg,! la pensée affranchie,
> Les droits nouveaux partout proclamés à la fois,
> La nature, au miroir de l'œuvre, réfléchie,
> L'écho multiplié des voix !

Oui, le livre est l'outil merveilleux qui a fabriqué la société moderne ; c'est la grande affaire de ce siècle qui va finir, qu'on a souvent calomnié, qui a fait de grandes choses, accompli tant de progrès, mais qui aura été avant tout un remueur d'idées, et c'est pour encourager les écrivains, c'est pour encourager les artistes à remuer des idées, à remuer encore des idées, à chercher, à trouver les formules nouvelles qui conviennent à ce monde nouveau que nous voyons poindre à l'horizon, que nous réclamons pour les auteurs une protection plus complète encore.

Souvenir des choses, souvenir des hommes, voilà ce que nous emporterons d'ici.

Comment n'éprouverions nous pas un serrement de cœur au moment de quitter cette belle et adorable ville, où, en quelques jours, nous avons tant vu, tant appris, tant admiré, où nous aurions encore tant à voir, tant à apprendre, tant à admirer, et où, pour cela même, nous laissons un peu de nous-mêmes ? Dans notre course à travers le monde, Neuchâtel restera l'une de nos plus chères stations.

Hélas ! tout cela c'est déjà le passé ; il faut partir ; adieu donc, messieurs, mesdames, adieu. Ouvriers du droit, apôtres de la liberté humaine, nous allons reprendre notre marche en avant. Où que nous allions, nous nous souviendrons de Neuchâtel ; nous garderons gravés au fond du cœur les noms de tous nos hôtes ; nous nous rappellerons en particulier ces belles paroles du poète allemand que M. Humbert évoquait l'autre jour et qui furent à toute époque la devise de notre Association : Plus haut, toujours plus haut ; plus loin, plus loin toujours.

Je dois ajouter un mot : Dans la dernière séance du Congrès, l'Association littéraire artistique internationale, conformément à ses statuts, a décidé de donner place dans son Comité d'honneur à M. le président Cornaz et à M. Aimé Humbert. C'est le seul moyen que nous ayons de vous témoigner un peu de notre gratitude et d'établir entre Neuchâtel et nous des liens durables, qui survivent aux joies éphémères du Congrès.

M. FERRARI donne lecture du télégramme suivant qu'il vient de recevoir de M. Leone FORTIS au nom de la présidence de la Société italienne des auteurs :

« Veuillez exprimer aux autorités locales, à la présidence et aux collègues du Congrès et à l'Association littéraire et artistique internationale, notre profonde reconnaissance pour l'accueil fraternel fait à nos représentants et notre désir que le Congrès de Milan vous offre l'occasion de prouver cette reconnaissance par l'échange d'une si courtoise hospitalité et par la cordialité des communs travaux. »

M. FERRARI, continuant, rend hommage à M. le président Pouillet pour la tâche si délicate et si difficile de diriger les débats, qui demande un grand nombre de qualités, et dont il s'est acquitté avec une impartialité et un tact parfaits, et une finesse dans la discussion que l'on rencontre rarement.

Prompt à saisir la pensée de tous, même de ceux qui avaient de la difficulté à l'exprimer, M. Pouillet s'est montré tout à la fois un jurisconsulte émérite et un poëte charmant ; il a droit à tous nos hommages ; il adresse ensuite des remerciements au bureau pour la façon dont il s'est acquitté de sa tâche, et il espère que le Congrès de Milan servira à parfaire les travaux que le Congrès de Neuchâtel a élaborés.

M. AIMÉ HUMBERT s'exprime ensuite en ces termes :

Je n'ai pas de paroles pour vous témoigner ma reconnaissance du grand honneur que vous me faites. J'y attache une sincère importance non seulement pour moi, mais pour les institutions scolaires auxquelles je voue les derniers efforts de ma longue carrière. Conservez un bon souvenir à ce petit pays de Neuchâtel, au pays tout entier. Vous lui avez fait du bien, il y sera sensible à mesure qu'il en appréciera la portée par la réflexion, et pour ainsi dire d'école en école et d'étage en étage, puisque vous n'avez pas manqué de relever ce détail, intéressant en effet, de l'altitude de nos nombreux foyers de travail industriel. Quant à nos établissements d'instruction publique, on les classe, selon l'usage, en trois degrés, mais le même esprit circule de nos écoles primaires ou secondaires à l'Académie, et réciproquement.

La Société d'utilité publique vient en aide à l'Etat et aux communes pour aviser à la meilleure répartition possible de l'enseignement puisé aux sources officielles.

Permettez-moi maintenant, messieurs, de ne pas vous laisser prendre congé sans vous offrir d'emporter chez vous une petite curiosité neuchâteloise qui me semble avoir quelque titre à votre sympathie. Elle a pour base le principe que la liberté a la clef de toutes les solutions, ce qui permet de l'alléger de n'importe quel trousseau quelconque de lois et règlements sur la presse. Cette déclaration d'indépendance porte avec soi la santé dans la vie littéraire. On en trouve la formule à l'article 9 de la première Constitution républicaine du canton de Neuchâtel, du 30 avril 1848, en ces termes :

Art. 9. — La presse est libre. L'exercice ne peut en être réglé, suspendu ou entravé par aucune loi. La répression de ses abus rentre dans le droit commun.

M. DE HUERTAS et M. DESJARDINS remercient la ville de Neuchâtel de sa gracieuse hospitalité et de la lumière que les Suisses ont apportée dans la discussion.

M. OEKER prend ensuite la parole :

Monsieur le Président,

Ces jours délicieux du Congrès de Neuchâtel sont passés. Comme tous les délégués représentant les différents pays, aussi moi, membre américain, ne puis-je trouver des paroles assez fortes pour exprimer ma reconnaissance et ma gratitude de votre accueil cordial, de votre hospitalité royale et de la vive sympathie que tous vous avez témoignée pour le but et les travaux de cette Association internationale. Il ne me reste rien à ajouter à ce qu'ont déclaré plus éloquemment les autres membres du Congrès, excepté que j'emporte une impression profonde de l'énergie indomptable et vraiment *américaine* des citoyens de cette communauté florissante, de leur sens du progrès dans la civilisation moderne, qui ne faillira pas d'assurer la prospérité matérielle et la croissance rapide à l'américaine — *Go ahead!* — de votre ville charmante, qui est une des plus belles perles de la Suisse romande, et enfin du noble enthousiasme qui vous inspire et vous identifie avec les idées pour le droit de la propriété intellectuelle, tel qu'il a été déclaré et confirmé par ce Congrès, ce qui encouragera les avocats de ce même droit dans la grande république, sœur de l'autre côté de l'Océan.

M. BAETZMANN, s'exprime en ces termes :

Comme vous le savez tous, ce fut un peu le hasard qui nous amena de nouveau, cette année-ci, au pays hospitalier de la Suisse. Je crois que nous avons lieu de nous féliciter de ce hasard. Nous ne pouvons pas le cacher : c'est un moment bien difficile que nous avons à passer. Aujourd'hui les idées qui ont inspiré les efforts de notre Association se trouvent en face d'intérêts et de courants d'opinion qui cherchent à s'imposer partout et dont la victoire serait la fin de notre raison d'être. Les auspices ne sont pas très gais. Toutefois, pendant ces jours si agréables et si bien remplis d'utile besogne, je me suis souvent pris à penser à la vieille histoire d'Anthée, le lutteur qui acquit de nouvelles forces en touchant le sol natal. C'est peut-être ce qui nous a été donné de faire. Car n'est-ce pas nous autres qui avons mis un enjeu sérieux dans cette lutte pour la reconnaissance du droit du travail intellectuel dans toutes ses manifestations; n'est-ce pas que nous aimons à nous approprier un mot bien connu en disant que nous aussi nous avons deux patries, la nôtre — et celle qui, aujourd'hui est dans notre cœur à tous : la Suisse ?

M. GUEST dit que toutes les nations sont débitrices envers l'Association littéraire et artistique internationale, pour les travaux qu'elle a accomplis depuis douze années et qui ont profité aux littérateurs et aux artistes de tous les pays. Maintes fois il l'a vue à l'œuvre, et toujours il l'a trouvée à la hauteur de sa tâche ; au Congrès de Londres le lord-maire a fait ressortir l'immense progrès qu'elle avait accompli, le Congrès de Neuchâtel augmentera encore les droits de reconnaissance que lui doit le monde entier.

M. PANATONI adresse des remerciements aux habitants de Neuchâtel pour l'hospitalité qui a été offerte aux membres du Congrès.

M. le conseiller CORNAZ prend ensuite la parole :

Mesdames et Messieurs,

Lorsque je me suis levé pour la première fois devant vous, il y a huit jours, à pareille heure, j'étais un peu ému, je vous l'avoue sans peine. Sans doute je voyais devant moi, autour de moi, des visages tout pleins d'une exquise bienveillance et qui semblaient me dire comme ce joli cartouche de la belle propriété de l'un de nous : « Soyez les bienvenus ! » Malgré tout, les nouveaux visages sont toujours un peu inquiétants. Aujourd'hui, tout mon émoi a disparu ; je ne vois plus que des visages amis, et cette amitié d'une semaine ne sera pas seulement, selon le mot charmant du poète, *une fleur de printemps* ; c'est une plante vivace et robuste qui durera toujours, autant que notre cœur. Je ne vous dis donc pas adieu, mais au revoir, à bientôt ! (*Applaudissements prolongés.*)

La séance est levée à cinq heures.

Les Secrétaires:
G. EBELING, DARRAS et WAUWERMANS.

ANNEXES

ANNEXE — I

Communication de M. Aimé Humbert.

Il y a soixante-quatre ans que Gœthe, le plus éminent poète du grand siècle littéraire de l'Allemagne, disait à son secrétaire et confident Eckermann (1) :

« On ne cesse d'en appeler à la littérature nationale, c'est un mot qui n'a plus grande signification aujourd'hui ; *le temps de la littérature universelle est venu.* »

A quoi Gœthe faisait-il allusion par ces paroles ? A ses propres conceptions peut-être, à ces enfants de son imagination créés immortels et cosmopolites : Werther, Dorothée, Faust, Marguerite, Mignon ? C'est possible, j'admets volontiers qu'ils aient été pour quelque chose dans ses préoccupations, mais en 1830, deux ans avant sa mort, ce vaillant écrivain de quatre-vingt-un ans nous donna par ses actes une interprétation plus complète de sa pensée. Un Anglais, le publiciste excentrique et génial Carlyle, venait d'écrire une *Vie de Schiller* ; un traducteur allemand ne manque pas de se présenter et Gœthe l'introduit « sur le continent », comme on dit en Grande-Bretagne, par une préface adressée aux lecteurs de sa nation, tout en les prévenant que depuis quelque temps on parle, et non sans raison, d'une littérature universelle (Weltlitteratur).

Il la recommande à leur sympathie.

Il leur démontre que les peuples de l'Europe jetés l'un sur l'autre par des guerres terribles, puis revenus à eux-mêmes, n'ont pu s'empêcher de découvrir qu'ils avaient reçu de l'étranger beaucoup d'idées nouvelles et qu'il leur devenait nécessaire d'entrer pour leur part dans cette sorte de commerce intellectuel cosmopolite, qui tendait à se généraliser malgré la variété des langues et les rigueurs des douanes. Plus tard encore, à l'occasion d'un recueil de *Nouvelles allemandes* traduites en anglais par le même publiciste Carlyle, Gœthe constate combien les nations gagne-

---

(1) Conversations d'Eckermann, 31 janvier 1827.

raient à se connaître et à se comprendre, à se comparer entre elles et même à se corriger l'une par l'autre, en un mot à vivre ensemble dans une certaine communauté intellectuelle.

Il ne s'agirait point, ajoute-t-il, de courir à la recherche de modes étrangères. Chaque peuple a ses particularités, il est intéressant de les étudier, mais à quoi bon se laisser tenter de les imiter ? Sachons réciproquement user de tolérance et discerner ce qui constitue la propriété d'autrui.

Or, voici pour conclure, le point capital des excellentes recommandations du maître.

Il ne faut emprunter aux littératures étrangères que ce qu'elles offrent en fait d'idées d'une valeur générale; la littérature universelle s'alimente de ce qui est généralement humain, *allgemein menschlich*; les idées vraiment grandes sont celles qui intéressent l'humanité entière.

Limité par le temps, je regrette de ne pouvoir élucider par des exemples la thèse de notre auteur.

Elle serait féconde en applications importantes, et votre Association même, messieurs, en fournit une preuve remarquable.

Lorsque dans le Congrès de Madrid en 1887, vous tendîtes à l'Espagne la main d'alliance, vous avez non seulement évoqué dans la belle dissertation de monsieur votre secrétaire perpétuel la grande figure de Cervantès et son influence sur la marche de l'esprit humain, mais vous avez cité comme lien de cette union un choix de paroles de l'auteur espagnol qui retentissent encore à travers les temps :

« La liberté, c'est le trésor donné à l'homme par le ciel. Pour la liberté comme pour l'honneur on doit jouer sa vie, car le premier des maux est la servitude! »

La littérature universelle dont Gœthe prévoyait l'avènement doit nécessairement obéir à une tendance humanitaire.

Qu'est-ce que cela veut dire ? S'agit-il d'une invention moderne ? Devons-nous recourir à la création d'un néologisme disgracieux, *l'humanitarisme ?* Je ne le pense pas.

Il s'agit à proprement parler d'une chose ancienne, que j'appellerai le sens humanitaire.

Un jour il s'est manifesté avec éclat dans la littérature latine.

Seulement c'est en fouillant les cendres du vieux monde romain que la Renaissance a retiré ce diamant taillé par un esclave affranchi, le poète comique Térence. Voici la traduction libre de l'immortelle déclaration qu'il a prononcée :

« J'estime que rien de ce qui est humain ne doit m'être étranger. »

Cette effusion d'un pauvre esclave affranchi a quelque chose de ravissant.

Dans le charmant petit livre intitulé : *Réflexions et menus propos d'un peintre genevois*, Rodolphe Topffer débute en ces termes :

« Chapitre premier. Comment l'homme a six sens.

« Les cinq autres sont connus; reste à démontrer le sixième.

C'est difficile, car il est invisible, le rudiment en est dans tous les cerveaux de l'espèce humaine; seulement chez les uns il se développe, chez les autres il avorte ou reste oisif. »

Ce que Topffer dit du sens du beau, s'applique exactement dans la politique au sens humanitaire: les uns le possèdent et l'exercent jusque sur les champs de bataille, les autres le laissent s'atrophier ou l'étouffent brutalement.

Or, aujourd'hui ce n'est pas seulement en littérature, mais aussi en religion, en politique, en affaires et partout qu'il y a une ligne de démarcation inflexible à tirer entre ceux qui ont le sens de l'humanité dans leur cœur et ceux qui ne l'ont point.

L'apôtre de l'enthousiasme et de la perfectibilité illimitée, Mme de Staël, s'écrie:

« Sortez de l'étroit horizon de votre nationalité, et appliquez-vous à comprendre le génie même du peuple qui vous est le plus étranger. »

Les essais que l'on a tentés d'enseigner, sous cette inspiration, l'histoire universelle de la littérature, n'ont pas encore produit de résultat satisfaisant. Ce qui a manqué jusqu'à ce jour aux œuvres d'ailleurs méritoires à certains égards des Mennechet, des Demogeot, etc., c'est l'esprit philosophique.

Une anthologie aussi générale que possible des productions littéraires de l'esprit humain ne présente en réalité que l'intérêt de curiosité d'une immense galerie d'exposition universelle. Elle laisse, et même l'Anthologie de Scherr n'en est pas exempte, l'impression de lassitude d'un stationnement prolongé devant l'exhibition d'un pêle-mêle de produits de tout une zone, après quoi l'on va stationner avec non moins de fatigue devant l'ensemble des produits d'une autre zone, et ainsi de suite.

Une distinction systématique entre entre les littératures du Nord et les littératures du Midi n'a rien de philosophique.

L'application de la méthode philosophique c'est-à-dire de la philosophie de l'histoire à l'exposé des faits du domaine littéraire, est indispensable à l'intelligence même du sujet.

Les sources qui ont surgi parmi toutes les nations pendant la période chastique de l'enfantement moderne iront chacune à son tour grossir un fleuve qui est, comme tous les fleuves, un chemin qui marche. Il a son point de départ en 1308, date de publication de la *Divine Comédie*.

C'est donc à la première Renaissance et avec le quatorzième siècle que commence l'histoire littéraire philosophique de l'âge moderne.

Rien n'égale l'importance cosmopolite de la Renaissance italienne.

La prééminence de son suprême représentant, Dante Alighieri, s'est maintenue dans l'histoire générale des littératures de l'âge moderne, c'est-à-dire de 1300 à nos jours.

A cet égard, on n'a pas assez relevé le fait que cette inauguration de la littérature humanitaire s'est accomplie par l'avènement du génie féminin dans l'œuvre littéraire primordiale de la Renaissance, la *Divine Comédie*.

Aussi ne trouvons-nous rien d'étrange à ce que l'Italie ait célébré à Florence par des fêtes solennelles le sixième anniversaire de la mort de Béatrice.

L'unité de la grande patrie italienne et les aspirations célestes, trois vertus théologales : la foi, l'espérance et la charité, les trois couleurs nationales, le rouge, le vert et le blanc, tout cela se trouve réuni dans la Béatrice de Dante Alighieri.

C'est par le réveil de son génie scientifique, poétique et artistique que l'Italie a présidé à son affranchissement national à son unité politique.

L'éminent jurisconsulte et philanthrope Beccaria eut le bonheur de voir par la proclamation des Droits de l'homme, en 1789, s'annoncer la révolution que son *Traité des délits et des peines* avait prédite dans le droit criminel de l'Europe.

Lorsqu'à son tour sa fille s'approcha du terme d'une carrière où elle avait pu apprécier, d'un côté, l'écroulement des siècles de barbarie et, de l'autre, les promesses de l'aurore de la liberté, elle recommanda de ne mettre sur sa tombe d'autre épitaphe que ces deux lignes :

CI-GÎT LA FILLE DE BECCARIA
MÈRE DE MANZONI

Évidemment cette fière Italienne entrevoyait quelque chose de plus que la gloire littéraire derrière les lauriers de l'auteur des *Fiancés*. Elle parlait en prophétesse, comme devait s'exprimer une jeune sœur spirituelle de la Béatrice.

Ses prévisions toutefois ont été dépassées, et c'est d'ailleurs un fait général. Il faut du temps et de la réflexion pour comprendre que l'expression d'Age moderne employée par opposition à l'antiquité et au moyen âge n'est pas l'effet produit par un événement historique de quelque importance qu'il puisse être, tel que, par exemple, la prise de Constantinople. Nous sommes dans une certaine phase de l'évolution progressive de la grande famille humaine.

C'est ce qui fait dire vulgairement que « la révolution » est partout.

Elevez-vous à la notion cosmique, s'écrie Humboldt, c'est-à-dire apprenez à apprécier les choses en citoyen du monde, au point de vue universel, mais cette notion ne pouvait arrriver à son plein développement qu'à son temps, à son heure.

Qu'était le monde connu des anciens en comparaison de ce qu'il est pour nous? Un tiers seulement du monde habitable.

Aujourd'hui nous n'avons plus de continents à découvrir, mais il y a lieu de relier entre eux tous les continents et tous les peuples du monde.

Aujourd'hui la vapeur et l'électricité, le télégraphe et le téléphone mettent les mêmes instruments de progrès indéfini entre tous les membres de la famille humaine.

Autrefois l'empire des Césars se bornait, avec quelques prolongements, aux pays du bassin de la Méditerranée ; aujourd'hui c'est le grand Océan qui est la Méditerranée du monde moderne.

Les esprits les plus clairvoyants de notre époque s'accordent, sans entente préalable, à proclamer la nécessité de donner aux jeunes générations un juste sentiment de la marche des progrès de l'intelligence humaine.

En Suisse, où l'enseignement public est moins assujetti qu'ailleurs à la routine ou à des règlements pédantesques, nos trois Académies romandes de Neuchâtel, Vaud et Genève, dont les deux dernières se sont érigées en Universités, ont porté beaucoup d'attention à l'étude d'un remaniement des cours de littérature en usage, afin de les rendre mieux appropriés aux besoins de l'époque. C'est sous le titre de littérature générale et comparée que l'on s'est occupé de littérature universelle dans le sens de Gœthe, à partir de la première Renaissance des lettres. A Genève, Marc Monnier a publié les deux premières parties de son cours en deux volumes intitulés : l'un la *Renaissance,* l'autre la *Réforme;* à Lauzanne, Eugène Rambert n'a livré que des études détachées ; à Neuchâtel, nous avons eu le bonheur d'avoir un professeur français, sans système préconçu, qui s'est mis à l'œuvre tout simplement sur la base de la philosophie de l'histoire, M. Ferdinand Buisson, et j'ai eu l'honneur de lui succéder, en 1871, lorsqu'il est rentré dans sa patrie où il occupe le poste de directeur de l'instruction primaire.

Le programme ci-joint de ce cours de littérature générale porte la coupe d'un prospectus de Bibliothèque internationale, en vue des publications auxquelles il pourrait donner lieu.

Tel est, à grands traits et en toute hâte, ce qui se pratique pour le moment à Neuchâtel en fait d'enseignement littéraire cosmopolite.

ANNEXE II

Communication de M. Victor Souchon,

agent général de la Société des auteurs, compositeurs et éditeurs de musique.

QUESTIONNAIRE

Pour aider à l'exacte compréhension et à la régulière interprétation du **Bill sur le Copyright** *mis en vigueur par le gouvernement des Etats-Unis d'Amérique à partir du 1ᵉʳ juillet 1891.*

1ʳᵉ QUESTION. — *Comment se résoudra la situation d'origine d'une œuvre française dont le dépôt devra être fait aux Etats-Unis le même jour qu'en France ?*

Question inspirée: 1° *Par le bill qui n'accorde la protection aux étrangers que par* réciprocité; 2° *par la Convention de Berne dont le paragraphe 3 de l'article 2 dit*: « *Est considéré* « *comme pays d'origine de l'œuvre celui de la* première publica-« tion, *ou, si cette publication a lieu* simultanément *dans plu-* « *sieurs pays de l'Union, celui d'entre eux dont la législation* « *accorde la durée de protection la plus courte.* »

Réponse. — La situation d'origine se résoudra par la *nationalité de l'auteur*. Donc, à l'égard des tribunaux des pays ayant adhéré à la Convention de Berne, la durée de protection accordée par nos lois à nos propres auteurs ne subira aucune diminution.

Pour les œuvres d'auteurs étrangers *publiées originairement en France*, on bénéficiera des dispositions mêmes du bill qui permettent de *mettre à la poste*, sur le territoire des Etats-Unis, *le même jour* que celui où s'effectuera le dépôt en France. Cela donne une avance de vingt-quatre heures au dépôt français et permet de rester dans la légalité au regard du bill américain (1).

2ᵉ Question. — *A quoi sera* strictement tenu *l'auteur français pour jouir du bénéfice du Copyright?*

Réponse. — Pour jouir du bénéfice du Copyright, suivant l'article 4956 du bill, l'auteur français sera tenu à *deux obligations*:

1° Faire déposer et enregistrer à la bibliothèque du Congrès de Washington, AVANT le jour de la publication en France ou aux Etats-Unis, le TITRE IMPRIMÉ sur une feuille volante de sa future œuvre (2).

2° Le jour même AU PLUS TARD du dépôt de ladite œuvre fait à Paris, faire le MÊME DÉPÔT à la bibliothèque du Congrès de deux exemplaires *gravés* de ladite œuvre, ou EN REMETTRE A LA POSTE sur le territoire des Etats-Unis à l'adresse du Bibliothécaire du Congrès à Washington, district de Colombie, deux exemplaires.

Toute infraction à cet article dûment constatée fera tomber l'œuvre dans le domaine commun aux Etats-Unis.

3ᵉ Question. — *Par quel moyen pratique peut-on assurer la simultanéité du dépôt en France et aux Etats-Unis?*

Réponse. — Le moyen pratique sera de remettre au siège de

---

(1) Ce détail a son importance, car il peut arriver qu'une œuvre d'un auteur né *russe*, par exemple, soit publiée en France originairement. En cas de simultanéité de dépôt l'œuvre serait donc *russe*, c'est-à-dire dans le domaine public américain, anglais, etc. Le certificat du dépôt fait en Amérique par la *mise à la poste*, sera donc d'une date postérieure de vingt-quatre heures au moins à la date du dépôt fait en France, celui-ci aura, par conséquent, la priorité.

(2) Ce titre peut être composé à la machine à écrire (*type writer*) sur simple feuille in/8, sans aucune obligation de disposition typographique, et sans que cela soit en aucune manière la reproduction, au point de vue typographique, du titre futur.

notre Société, qui les transmettra à qui de droit, le titre et les deux exemplaires de toute œuvre musicale exigée par le bill: *le titre*, vingt jours avant le jour fixé pour le dépôt au Ministère de l'Intérieur à Paris; *les deux exemplaires*, quinze jours avant ledit dépôt et la mise en vente, de façon à pouvoir être transmis en temps utile à l'agence française fonctionnant à New-York *(a)*.

4ᵉ QUESTION. — *Dans quelles conditions de prix et à l'aide de quelles démarches l'auteur ou l'éditeur pourra-t-il accomplir les fomalités de dépôt aux Etats-Unis ?*

RÉPONSE. — L'auteur ou son ayant droit devra accompagner l'envoi du titre de sa *déclaration* signée, déclaration dont il trouvera la formule prête au siège de la Société des Auteurs, Compositeurs et Editeurs de musique et qui sera transmise, ensuite, à la succursale de l'agence française de New-York *(b)*.

Le coût du dépôt et de l'enregistrement à Washington, toutes démarches comprises, ainsi que celui du retour à l'auteur, ou à son ayant droit, des documents constatant que les formalités ont été bien remplies, sera de *vingt-cinq francs*, port en sus de deux exemplaires de Paris à New-York, le port de New-York à Washington restant gratuit.

5ᵉ QUESTION.—*La musique gravée est-elle formellement exclue de l'obligation d'être imprimée aux Etats-Unis ?*

RÉPONSE.—La musique gravée est formellement exclue de l'obligation d'être imprimée aux Etats-Unis.

Mais l'impression par tous autres procédés de reproduction tels que: lithographie, typographie, tachygraphie et autres procédés analogues, fera tomber l'œuvre dans le domaine commun aux Etats-Unis.

D'où la nécessité de renoncer, pour l'importation des œuvres musicales en Amérique, au report de gravure sur pierre pour l'impression en lithographie, procédé qui, bien que donnant des caractères plus nets que le tirage direct, doit être abandonné, car le bill exige le tirage direct sur étain ou sur cuivre.

6ᵉ QUESTION. — *Qu'adviendra-t-il d'une composition musicale dont le titre ou le dessin sera* non gravé *comme cela se pratique ordinairement en France ?*

RÉPONSE. — Une composition musicale dont la musique aura été gravée en France ne perdra pas les avantages de la garantie américaine si elle porte à sa première page un dessin ou un titre non gravé, comme il est d'usage de le faire pour les éditions fran-

---

(a-b):— Cette agence aura un bureau succursale à Paris où l'on pourra remplir toutes formalités et prendre tous renseignements, à partir du 1ᵉʳ juin 1891, 26, rue Caumartin. C'est à cette agence que s'établiront les accords pour l'usage des délais exacts assurant la simultanéité des dépôts.

çaises, mais ce titre ou ce dessin non gravé pourra être contrefait légalement.

Le danger de cette contrefaçon partielle, ainsi permise, serait d'abriter des œuvres entières contrefaites illégalement.

Le titre devra donc être gravé comme la partition.

7ᵉ QUESTION. — *Quelle est la meilleure formule qu'il convient de graver sur le titre des compositions musicales, comme l'impose le bill (art. 4962) pour s'assurer la jouissance du droit de Copyright ?*

RÉPONSE. — Voici la meilleure formule, textuellement :

COPYRIGHT 1891 (1)

By (ici le nom de l'auteur ou de l'éditeur propriétaire). *All rights of exécution* (ou représentation) *translation and reproduction reserved* (2).

8ᵉ QUESTION. — *Les articles 4965 et 4966 du bill s'appliquent-ils sans conteste à l'exécution publique ou à la contrefaçon d'une œuvre musicale ?*

RÉPONSE. — Les articles 4965 et 4966 du bill qui interdisent, sous peine de poursuites, toute exécution illicite ou représentation d'une *composition dramatique* sans le consentement signé de l'auteur, s'appliquent aussi aux compositions purement musicales, aussi bien qu'à la répression de la contrefaçon.

9ᵉ QUESTION. — *Le dépôt de la partition piano et chant suffit-il pour assurer la protection de la partition d'orchestre, restée inédite, de la même œuvre, et faut-il déposer le titre de cette partition d'orchestre ?*

RÉPONSE. — Aucun dépôt, aucune déclaration ne sont nécessaires pour assurer la protection de la partition d'orchestre inédite. La loi commune couvre de sa protection toute œuvre *restée manuscrite* (3).

10ᵉ QUESTION. — *Le dépôt de la partition piano et chant d'une œuvre* dramatico-musicale *suffit-il pour protéger les fragments*

---

(1) Cette date variera, naturellement, selon l'année au cours de laquelle sera demandé le Copyright.

(2) Cette formule prévoit tout : la traduction (translation) la représentation (ou l'exécution) et la reproduction.

(3) L'enregistrement du *titre* pour une œuvre destinée à rester *inédite* — même en cas d'exécution ou de représentation publique en France, voire pour la représentation d'adaptations *inédites*, à l'étranger — n'est donc nécessaire qu'au gré de l'auteur, puisque le bill protège le *manuscrit* sans formalités préalables.

et tous arrangements édités *tirés de cette partition, et lesdits fragments doivent-ils être déposés comme la partition ?*
Quid des publications en cahiers ou recueils ?

Réponse. — Le dépôt du titre et de deux exemplaires de la partition *piano* et *chant* d'une œuvre dramatico-musicale suffit pour protéger l'ensemble de l'orchestration.

Mais tout fragment, tout arrangement *édité séparément* devra être déposé (titre et deux exemplaires) comme la partition.

Bien entendu aucun dépôt ne sera nécessaire pour les fragments et arrangements *inédits*.

Pour les publications musicales paraissant en recueils ou cahiers, le dépôt du titre et le dépôt des deux exemplaires devront être faits par *chaque recueil* ou par *chaque cahier* quel qu'en soit le nombre, même si ces cahiers ne sont que des parties de l'œuvre générale portant identiquement le même titre.

11ᵉ Question. — *L'expression* « composition dramatique » *tirée de l'article 4952 du bill comprend-elle l'œuvre dramatico-musicale ?*

Réponse. — L'expression « composition dramatique » comprend l'œuvre dramatico-musicale.

12ᵉ Question. — *Le délai de protection accordé à une œuvre inédite commencera-t-il à courir du jour de sa première exécution ou représentation, ou seulement à dater du jour de sa publication ?*

Réponse. — L'article 4953 est formel : « Les copyrights seront « accordés pour un délai de 28 ans (1), *à courir de l'enregistre-* « *ment du titre de l'œuvre.* »

13ᵉ Question. — *L'auteur d'une œuvre littéraire ou artistique possède-t-il le droit de transformer son œuvre en pièce pour le théâtre ?*

Réponse. — L'auteur d'une œuvre littéraire ou artistique possède *seul* le droit de transformer son œuvre en pièce pour le théâtre.

14ᵉ Question. — *Quel est, au regard du bill de 1891, la situation aux Etats-Unis des œuvres publiées avant le 1ᵉʳ juillet 1891, date de l'entrée en vigueur du bill ?*

Réponse. — Toutes les œuvres publiées avant le 1ᵉʳ juillet 1891 sont tombées et doivent tomber dans le domaine public aux Etats-Unis.

Mais tout compositeur (ou éditeur) pourra, en remaniant par-

---

(1) Ce délai peut être augmenté de 14 ans à son expiration (art. 4954 du bill), moyennant l'accomplissement des formalités d'enregistrement six mois avant l'expiration dudit délai.

tiellement son œuvre, par additions ou suppressions, ou changements d'importance, réclamer les bénéfices entiers du « Copyright » pour cette ancienne œuvre, *nouvellement remaniée*, à la condition d'accomplir à cet effet les formalités de dépôt et d'enregistrement *comme pour une œuvre nouvelle*.

15ᵉ ET DERNIÈRE QUESTION. — *Les bénéfices de l'article 4973, qui accorde la protection aux œuvres d'auteurs d'un pays étranger où le traitement des nationaux est assuré aux auteurs américains, sont-ils acquis aux auteurs français ?*

RÉPONSE. — Incontestablement; par le décret de 1852 la France assure aux étrangers contre la contre-façon le même recours et les mêmes droits qu'à ses nationaux.

Notification de cette condition a été faite par le gouvernement français au gouvernement des Etats-Unis, de manière à permettre au Président des Etats-Unis de proclamer l'existence de cette condition, conformément aux prescriptions du bill.

ANNEXE III

Fêtes et réceptions du Congrès de Neuchâtel.

SAMEDI 26 SEPTEMBRE, à sept heures du soir. — Réception et concert au Cercle du Musée.

DIMANCHE 27 SEPTEMBRE. — Excursion sur le lac de Neuchâtel et à l'île Saint-Pierre. (Voir annexe nº 4.)

MARDI 29 SEPTEMBRE. — Excursion à Chanélaz. — Banquet offert aux congressistes par le canton et la ville de Neuchâtel. — Réception chez M. Borel.

VENDREDI 20 OCTOBRE. — Excursion à la Chaux-de-Fonds. — Lunch offert par la municipalité. — Visite à la fabrique d'horlogerie. — Banquet.

Réception et collation chez M. Jurgensen, dans sa propriété du Locle.

ANNEXE IV

Excursion à l'île Saint-Pierre

Discours de M. Philippe Godet

Mesdames, Messieurs,

L'idée de vous conduire à l'île de Saint-Pierre s'imposait tout naturellement au Comité qui a l'honneur de vous recevoir à Neuchâtel.

Nous sommes ici dans l'île de Rousseau. Fuyant Môtiers-Travers à la suite des orages déchaînés par les *Lettres de la montagne*, Jean-Jacques était venu chercher ici un asile. Il y séjourna environ deux mois, en septembre et octobre 1765. Il a raconté dans les *Rêveries d'un promeneur solitaire* l'existence qu'il menait dans cette retraite, se promenant en canot, ou errant sous les beaux arbres que vous venez d'admirer, rassemblant les éléments de cette flore de l'île — *Flora petrinsularis* — qui devait être l'occupation de sa vieillesse.

Brusquement, brutalement, le malheureux grand homme fut expulsé de sa retraite par leurs Excellences de Berne...

Mais je ne veux pas dire ici du mal de Berne, d'abord parce que nous sommes sur ses terres, ensuite parce qu'on peut appliquer à Berne le mot de Voltaire sur Boileau : « Ne dites jamais du mal de Nicolas; cela porte malheur. »

Tout, ici, est plein du souvenir de ce pauvre Jean-Jacques, et ce souvenir méritait tout particulièrement d'être évoqué devant vous, car Jean-Jacques a été, plus qu'aucun de ses contemporains, jaloux de la dignité et de l'indépendance de l'écrivain. On peut lui reprocher bien des fautes : il les a lui-même confessées avec une sincérité que nous n'aurions probablement pas tous. Mais il est un mérite que personne ne saurait lui refuser : c'est qu'il a donné, qu'il nous donne encore un grand exemple de probité littéraire et de désintéressement.

Qu'on se rappelle quelle était la condition des gens de lettres à cette époque. Ils étaient au service des grands, qui les protégeaient quand ils ne les outrageaient pas. C'était le temps où le chevalier de Rohan faisait bâtonner Voltaire; et quand Voltaire demandait réparation de l'outrage, on le fourrait à la Bastille. C'était le temps où d'Alembert rappelait ses confrères au sentiment de leur dignité dans quelques pages trop peu connues, qui sont au nombre des plus éloquentes parmi les ouvrages de ce temps, l'*Essai sur les gens de lettres* :

« Les Romains, s'écrie d'Alembert, disaient : *Du pain et des spectacles*. Qu'il serait à désirer que tous les gens de lettres eussent le courage de dire : *Du pain et la liberté*. Je parle de liberté, non seulement dans leurs personnes, mais aussi dans leurs écrits...

Liberté, vérité, pauvreté (car quand on craint cette dernière, on est bien loin des deux autres), voilà trois mots que les gens de lettres devraient toujours avoir devant les yeux, comme les souverains celui de *postérité.* »

Il est sûr que l'écrivain qui, alors, voulait être indépendant et dire la vérité devait se résigner à être pauvre. Et ce fut le lot de Jean-Jacques; il nous apprend dans les *Confessions* les profits modestes qu'il retirait de ses ouvrages. Il ne savait par en tirer parti, et Mme la maréchale de Luxembourg lui reprochait « de se laisser duper par les libraires ».

Ceux-ci exploitaient le philosophe, qui a raconté avec amertume les mauvais procédés dont il était la victime. Il écrivait, par exemple, à M. de Saint-Florentin, le 11 février 1759 :

« J'apprends qu'on s'apprête à remettre à l'Opéra de Paris une pièce de ma composition, intitulée le *Devin du village*. Si vous daignez jeter les yeux sur le mémoire ci-joint, vous verrez, monseigneur, que cet ouvrage n'appartient point à l'Académie royale de musique. Je vous supplie donc de vouloir bien lui défendre de le représenter et ordonner que la partition m'en soit restituée... »

Et, dans le mémoire accompagnant cette lettre, on lit l'exposé des griefs de Jean-Jacques contre l'Opéra, qui avait violé diverses clauses de son traité. Le philosophe revient sur cette affaire dans sa lettre à M. Lenieps, du 5 avril 1759 :

« J'ai cédé mon ouvrage à l'Opéra sous des conditions qui ont été violées; je l'ai vendu pour un prix qui n'a point été payé; mon ouvrage n'est donc pas à l'Opéra, mais à moi; je le redemande : en le retenant, on le vole. » Et plus loin : « Mais il est clair que j'ai tort, parce que je ne puis obtenir justice, et qu'ils ont raison, parce qu'ils sont les plus forts... »

Vous voyez combien ce pauvre Jean-Jacques aurait eu besoin de M. Pouillet pour défendre ses intérêts ! Mais écoutez encore :

« Il faut à présent vous parler de mes libraires, et je commencerai par M. Pissot. J'ignore s'il a perdu ou gagné avec moi; toutes les fois que je lui demandais si la vente allait bien, il me répondait : *Passablement,* sans que jamais j'en aie pu tirer autre chose. Il ne m'a pas donné un sol de mon premier discours, ni aucune espèce de présent, sinon quelques exemplaires pour mes amis. J'ai traité avec lui pour la gravure du *Devin du village,* sur le pied de 500 francs, moitié en livres, moitié en argent, qu'il s'obligea de me payer à plusieurs fois et en certains termes; il ne tint parole à aucun et j'ai été obligé de courir longtemps après mes 250 livres.

« Par rapport à mon libraire de Hollande, Rey, je l'ai trouvé en toutes choses exact, attentif, honnête. Je lui demandai 25 louis de mon *Discours sur l'inégalité* : il me les donna sur-le-champ et il envoya de plus une robe à ma gouvernante. Je lui ai demandé 30 louis de ma *Lettre à M. d'Alembert,* et il me les donna sur-le-champ. Il n'a fait à cette occasion aucun présent ni à moi ni à ma gouvernante.

« ... Si ceux qui m'accusent de manquer de désintéressement entendent par là que je ne me verrais pas ôter avec plaisir le peu que je gagne pour vivre, ils ont raison, et il est clair qu'il n'y a pour moi d'autre moyen de leur paraître désintéressé que de me laisser mourir de faim. S'ils entendent que toutes ressources me sont également bonnes et que, pourvu que l'argent vienne, je m'embarrasse peu comme il vient, je crois qu'ils ont tort.

« Si j'étais plus facile sur les moyens d'acquérir, il me serait moins douloureux de perdre, et l'on sait bien qu'il n'y a personne de plus prodigue que les voleurs. Mais quand on me dépouille injustement de ce qui m'appartient, quand on m'ôte le modique produit de mon travail, on me fait un tort qu'il ne m'est pas aisé de réparer; il m'est bien dur de n'avoir pas même la liberté de m'en plaindre.

« ... Infirme et malade les trois quarts de l'année, il faut que je trouve sur le travail de l'autre quart de quoi pourvoir à tout. Ceux qui ne gagnent leur pain que par des voies honnêtes connaissent le prix de ce pain... »

Au seuil de la vieillesse, Jean-Jacques n'avait guère d'autre perspective que la misère. Et c'est de là qu'est né son projet d'une édition générale de ses œuvres dont il est si souvent question dans sa correspondance. Il espérait par là s'assurer, comme il l'écrivait à du Peyron, « du pain, sans lequel il n'y a ni repos ni liberté parmi les hommes ».

« Cette édition générale de mes œuvres, écrivait-il à Rey (1761), me tient fort au cœur, soit pour ma réputation, soit pour mon aisance, étant ma dernière ressource pour avoir du pain quand mes infirmités me mettront hors d'état d'en gagner. »

Il y tenait « pour sa réputation » : c'est qu'en effet ses ouvrages avaient donné lieu à de nombreuses spéculations — dont il ne profitait pas, — à des contrefaçons éhontées qui ne respectaient pas même le texte du grand écrivain.

Une compagnie s'était formée pour la publication de l'édition générale. Du Peyron — l'ami fidèle de Rousseau, ce riche particulier dans la splendide maison de qui nous étions hier soir réunis — s'occupa des intérêts du philosophe : on lui assura, pour prix de l'édition générale, une rente viagère de 1,600 livres de France et un présent de 1,000 écus.

Mais l'orage soulevé par les *Lettres de la montagne* emporta ce projet. Heureusement, du Peyron, toujours généreux, prit l'affaire à son compte ; il paya à Rousseau la rente convenue sur l'édition qu'il se réservait de publier un jour et en vue de laquelle Rousseau lui laissa ses manuscrits et papiers conservés maintenant à la bibliothèque de Neuchâtel.

Mesdames et Messieurs,

Vous avez vu tout à l'heure la trappe par laquelle le grand homme s'esquivait lorsque des visiteurs importuns étaient signalés. Eh bien, je crois que si Jean-Jacques vivait encore ici, s'il vous voyait débarquer dans son île, loin de s'enfuir par la trappe, il viendrait au-devant de vous et vous dirait : Soyez les bienvenus vous qui avez pris la défense des droits de l'écrivain, vous qui travaillez à rendre sa condition plus indépendante et plus noble.

Et puis, Jean-Jacques aurait une autre raison pour ne pas s'enfuir par la trappe à votre approche : c'est qu'il aurait aperçu parmi vous, messieurs, les aimables dames qui vous accompagnent. Jean-Jacques vous aimait, mesdames, c'était son faible..., non, c'était son fort ; car son succès a été fait aux trois quarts par l'admiration des femmes, dont il avait saisi l'imagination et touché les cœurs.

Aussi ne puis-je omettre de vous associer, mesdames, au toast par lequel je termine et résume cette causerie, qui menace de tourner à la conférence : *A l'indépendance et à la dignité de l'écrivain assurées par la juste rétribution de son travail !* En d'autres termes : *A l'Association littéraire et artistique internationale !*

Philippe Godet.

Toast de M. Pouillet

Messieurs,

Si nous devions engager ici une discussion sur les mérites et le caractère de J.-J. Rousseau, je ne me trouverais certainement pas d'accord avec M. Godet pour louer en lui la dignité de l'homme de lettres ; ce ne fut pas, à mon avis, sa première vertu. Mais il s'agit moins de Rousseau lui-même que du cadre dans lequel M. Godet l'a fait revivre à nos yeux avec un rare bonheur de pensée et d'expression. J'admire en Rousseau le peintre inimitable de la nature et je me plais à me le figurer parcourant l'île de Saint-Pierre et y cherchant, aux heures où il n'avait pas recours à sa trappe pour se dérober aux importuns, de merveilleuses inspirations.

Je remercie M. Godet de tout ce qu'il a dit d'obligeant pour l'Association littéraire et artistique internationale ; il est certain que depuis l'époque où a vécu Rousseau les conditions matérielles de la vie des hommes de lettres s'est singulièrement améliorée. C'est à cette amélioration que nous travaillons sans relâche parce qu'elle assure l'indépendance de l'écrivain et par conséquent celle de la pensée, et nous sommes reconnaissants à ceux qui veulent bien encourager nos efforts.

M. Godet rappelait que Rousseau aimait les dames ; et sur ce point je me fais volontiers le disciple de l'illustre Genevois alors qu'il s'agit de remercier les dames de Neuchâtel qui ont bien voulu se joindre à nous dans cette excursion champêtre et l'embellir de leur présence.

Je bois, au nom de l'Association, aux dames de Neuchâtel !

ANNEXE V

Résolutions du Congrès de Neuchâtel.

A. Bill Monkswell

Le Congrès 1891, réuni à Neuchâtel, émet le vœu que les différentes Sociétés littéraires ou artistiques de tous les pays s'unissent pour présenter au gouvernement de la Grande-Bretagne le résumé des respectueuses observations suggérées par l'étude et la discussion du projet de loi sur le *Copyright*, dit projet Monskswell.

B. Copyright américain

I. Le Congrès exprime sa profonde gratitude aux vaillants défenseurs des droits des étrangers aux Etats-Unis, notamment aux membres de la *Copyright League*, et comme eux il estime que leur œuvre n'est pas encore terminée.

II. Le Congrès espère que le gouvernement des Etats-Unis fera le nécessaire pour adhérer à la Convention de Berne, notamment en supprimant l'obligation de refabrication.

III. Il pense qu'en tout cas une très sérieuse amélioration serait réalisée dans les dispositions de la loi nouvelle, si un délai d'au moins six mois était accordé aux auteurs, photographes, etc., pour la refabrication de leurs livres, photographies, etc.

IV. Il est désirable que les gouvernements des pays dont les auteurs ressortissent aux effets du *Copyright Act* américain obtiennent du gouvernement des Etats-Unis qu'un délai soit accordé aux compositeurs et artistes pour accomplir les formalités d'enregistrement et de dépôt exigées par la loi américaine.

V. Le Congrès émet le vœu que le certificat d'enregistrement et de dépôt constate la nationalité de l'œuvre, et celle de l'auteur et que les droits d'enregistrement semblant trop élevés pour les auteurs comme pour les éditeurs soient sensiblement diminués.

VI. Le Congrès exprime le regret que la loi américaine n'ait pas fait place à la protection des œuvres d'architecture et émet le vœu que, dans les modifications qui pourraient être apportées à cette loi, les œuvres d'architecture prennent leur place à côté des œuvres des autres arts du dessin.

VII. Le Congrès est d'avis qu'il résulte du texte et des travaux préparatoires de la loi américaine du 3 mars 1891 que la clause de refabrication ne s'applique en aucune façon aux compositions musicales.

C. Propriété artistique.

I. Il est à souhaiter que tous les pays de l'Union s'entendent pour reconnaître que l'aliénation d'une œuvre d'art n'entraîne pas, par elle-même, aliénation du droit de reproduction.

II. Il est à désirer que tous les pays de l'Union s'entendent pour punir l'usurpation du nom d'un artiste ainsi que l'imitation frauduleuse de sa signature ou de tout autre signe distinctif adopté par lui.

III. En principe, l'auteur d'une illustration destinée à des journaux et à des livres doit, à moins qu'il n'y ait stipulation contraire ou que l'illustration ne soit destinée à paraître sans signature, être considéré comme n'ayant cédé au directeur du journal ou à l'éditeur du livre que le droit de publier l'illustration dans le journal ou dans le livre pour lequel elle a été faite. Le dessin original fait retour à l'auteur.

IV. Le Congrès émet le vœu que les affiches illustrées soient considérées comme des œuvres artistiques qui doivent être protégées comme les autres œuvres de même nature.

D. Contrat d'édition.

Le Congrès de Neuchâtel décide qu'en vue de la préparation d'un projet de loi type sur le contrat d'édition, il sera procédé à une enquête auprès des Sociétés et groupes qui ont pour objet la protection de la propriété intellectuelle sous ses diverses formes; les observations recueillies feront l'objet d'un rapport qui devra être rédigé et adressé aux intéressés dans les six mois qui suivront la clôture du Congrès, notamment par la voie du journal *Le Droit d'Auteur*, organe officiel du Bureau international, publié à Berne. L'Association littéraire et artistique internationale est, conformément à ses statuts, chargée de l'exécution de la présente décision.

E. Propriété photographique.

I. Il y a lieu d'accorder sans restriction aux œuvres photographiques le bénéfice des dispositions légales applicables à toutes les œuvres des arts graphiques.

II. Il est à désirer que dans l'article 1er du Protocole de clôture de la Convention de Berne les mots « où le caractère d'œuvres artistiques n'est pas refusé aux œuvres photographiques » soient remplacés par ceux-ci : « où les œuvres photographiques sont protégées par la loi. »

F. Convention de Berne.

I. Caution « judicatum solvi. »

Il est désirable que, dans les procès relatifs aux contestations que peut faire naître l'application de la Convention de Berne, la caution *judicatum solvi* soit supprimée, mais qu'en même temps les jugements définitifs rendus dans l'un des pays de l'Union soient exécutoires dans les autres, suivant les formes et sous les conditions indiquées dans l'article 16 du traité franco-suisse du 15 juin 1869.

II. *Dispense de formalités dans le pays d'origine.*

L'article 2 de la Convention de Berne n'imposant pour la garantie du droit des auteurs que l'accomplissement des formalités prescrites par la législation du pays d'origine, il est désirable que la conférence diplomatique supprime la seconde partie du paragraphe 3 de l'article 9, qui, en imposant la formalité d'une mention d'interdiction en tête des œuvres musicales, semble en contradiction avec les dispositions du paragraphe 2 de l'article 2.

III. *Droit de traduction.*

1. La traduction n'est qu'un mode de reproduction; le droit de reproduction, qui constitue la propriété littéraire, comprend nécessairement le droit exclusif de traduction.

2. Il est au moins à désirer que les auteurs ressortissant à l'un des Etats contractants soient admis à jouir, dans tous les autres pays de l'Union, du droit exclusif de traduction pendant toute la durée de leur droit sur l'original, s'ils ont fait usage de ce droit dans un délai de dix ans.

IV. *Adaptation.*

1. Dans l'article 10 de la Convention, les mots « dans la même forme ou sous une autre forme » devraient être suivis de ceux-ci, qui les compléteraient : « comme la transformation d'un roman en pièce de théâtre, et *vice versa* ».

2. Le second paragraphe de l'article 20 de la Convention doit être supprimé.

V. *Rétroactivité.*

Il est désirable que l'article 14 de la Convention de Berne reçoive, dans tous les pays de l'Union, une application conforme à son esprit. En conséquence, il est à souhaiter que l'attention des gouvernements contractants soit appelée sur la nécessité de déterminer, par une estampille ou par tout autre moyen, un délai passé lequel les faits antérieurs à la Convention ne pourront plus créer de droits aux tiers à l'encontre du droit exclusif qu'elle reconnaît aux auteurs.

VI. *Œuvres d'architecture.*

Dans les modifications qui pourraient être apportées à la Convention, il est désirable que les œuvres d'architecture prennent, à l'article 4, place après le mot « sculpture » et avant le mot « gravure ».

VII. Centralisation de documents et de renseignements par le Bureau international.

Il est désirable que, lors de la revision de la Convention, il soit introduit dans l'article 5 du Protocole de clôture les dispositions suivantes :

« Une copie de l'acte d'enregistrement du dépôt des œuvres littéraires ou artistiques, dans les pays ressortissant à l'Union où cette formalité est exigée, sera communiquée au Bureau de Berne par les gouvernements respectifs.

« Le Bureau de Berne est chargé de recueillir, dans tous les pays ressortissant à l'Union, tous les renseignements ayant trait à la généalogie des œuvres littéraires et artistiques et à l'état des droits privatifs auxquels elles ont donné naissance. »

VIII. Reproduction mécanique des airs de musique.

Il est à désirer que l'article 3 du Protocole de clôture soit restreint aux boîtes à musique et aux orgues de Barbarie, et ne soit pas étendu à l'usage des organes et accessoires interchangeables tels que cartons perforés, etc., servant à reproduire mécaniquement les airs de musique.

ANNEXE VI

PROJET DE LOI DANOIS

sur le droit littéraire et artistique, ainsi que sur le droit exclusif sur les photographies

Voté par le Sénat danois, en 3ᵉ délibération, le 26 mars 1891. Présenté, avec des modifications, à la Chambre des députés en octobre 1891.

TITRE PREMIER

Du droit d'auteur sur les ouvrages littéraires.

CHAPITRE PREMIER

De la source, du contenu et de l'objet du droit d'auteur.

ARTICLE PREMIER. — Dans les limites qu'indique la présente loi, l'auteur a le droit exclusif de publier ses écrits par la copie, par la reproduction moyennant un procédé mécanique ou chimique, par la représentation dramatique ou mimique, par la récitation ou par une autre reproduction faite à l'aide du langage.

Art. 2. — De même l'auteur a le droit exclusif de publier par n'importe quel procédé :
 a) Des conférences orales;
 b) Des compositions musicales;
 c) Des dessins géométriques, géographiques, topographiques, d'histoire naturelle, techniques et autres, ainsi que des représentations graphiques ou plastiques qui, envisagées dans ce qu'elles ont de caractéristique, ne peuvent être considérées comme œuvres d'art.

Art. 3. — L'éditeur d'une œuvre périodique ou d'une œuvre qui se compose de contributions indépendantes provenant de divers collaborateurs, a le même droit exclusif de publication, par rapport à l'ensemble de l'œuvre, que celui qui appartient en général aux auteurs. L'éditeur d'un journal quotidien est investi de son côté du même droit.

Sous réserve des stipulations contraires, l'auteur de la contribution distincte garde son droit d'auteur sur cette contribution. Toutefois, il ne pourra la rééditer qu'un an après la première publication.

Art. 4. — Sans le consentement de l'auteur ou de celui auquel le droit d'auteur appartient, il ne sera publié aucune traduction d'une œuvre qui serait faite de la langue littéraire dans l'un de ses dialectes ou *vice versa*, ou d'un dialecte dans un autre; sous ce rapport, le danois, le norvégien et le suédois sont considérés comme étant des dialectes de la même langue.

Dans tout autre cas, il ne devra être publié, dans le délai de dix ans à compter de la fin de l'année de la première publication de l'œuvre originale, aucune traduction sans le consentement de celui à qui le droit d'auteur appartient.

Pour des œuvres publiées par livraisons, ce délai de dix ans compte à dater de la publication de la dernière livraison de l'œuvre originale. Pour les œuvres composées de plusieurs volumes publiés par intervalles, ainsi que pour les bulletins ou cahiers publiés par des Sociétés littéraires ou savantes, ou par des particuliers, chaque volume, bulletin ou cahier sera, en ce qui concerne le délai de dix ans, considéré comme une œuvre séparée.

Lorsque, dans le délai ci-dessus indiqué, une œuvre a été publiée licitement en plusieurs langues, il ne sera plus permis d'en publier une traduction en l'une de ces langues sans le consentement de l'auteur.

Dans les limites ainsi indiquées, celui qui traduit une œuvre a, par rapport à sa traduction, le même droit que l'auteur de l'œuvre originale.

Art. 5. — Quand une œuvre est composée par plusieurs auteurs, sans que la contribution d'aucun d'eux constitue une partie distincte, l'autorisation de chaque auteur est nécessaire pour procéder à la première publication, à moins qu'au préalable cette autorisation n'ait été donnée soit expressément, soit tacitement.

Il en est de même quand il s'agit de publier l'œuvre par un autre mode que celui employé antérieurement, comme par voie de représentation au lieu d'impression, ou *vice-versa*.

Lorsque le droit d'auteur ou une œuvre a été transmis par héritage à plusieurs personnes conjointement, le consentement de tous ces ayants cause est également nécessaire pour la première publication ou pour la publication qui serait faite par un mode autre que celui employé antérieurement, à moins que l'auteur n'en ait mis, par voie testamentaire, la décision entre les mains d'un des héritiers ou d'une tierce personne.

Lorsque le droit de publication a passé par cession ou par voie judiciaire à plusieurs personnes conjointement, chaque ayant droit peut exiger que l'œuvre soit publiée. De même, quand la première publication a eu lieu licitement, chacun des auteurs ou héritiers respectifs peut demander que l'œuvre soit publiée à nouveau de la même manière, sous réserve, toutefois, des stipulations contraires ou de la volonté exprimée par voie testamentaire.

Lorsqu'il y a dissentiment sur la question de savoir si la publication doit avoir lieu, par qui ou sous quelles conditions, et qu'il n'existe à ce sujet aucun témoignage de la part de l'un des ayants droit, chacun d'eux peut soumettre l'affaire à la commission prévue à l'article 28 de la présente loi, laquelle après avoir entendu, si possible, tous les intéressés, décidera lequel des modes proposés pour la publication sera employé, à qui parmi les ayants droit il incombera de prendre les mesures nécessaires à cet effet, et dans quelles conditions la publication devra s'effectuer.

Le produit résultant de la publication sera réparti entre les ayants droit dans la mesure de leurs droits respectifs.

Lorsque l'œuvre est composée par plusieurs auteurs et qu'il n'existe entre eux aucune convention sur la proportion en laquelle chacun d'eux doit participer au droit d'auteur, les droits de chacun seront égaux.

Art. 6. — Les prescriptions établies à l'article 5, trouveront aussi leur application à l'égard des œuvres dramatico-musicales ainsi que des œuvres musicales accompagnées d'un texte, en tant qu'il s'agit de la représentation, exécution ou publication du texte et de la musique réunis.

L'auteur du texte et le compositeur ont chacun, en ce qui concerne son œuvre, le droit de publication.

Les dispositions ci-dessus s'appliquent également aux ballets, pantomimes et autres œuvres analogues pour lesquelles une musique spéciale a été composée.

Art. 7. — Personne ne pourra, sans y être autorisé par une loi, acquérir le droit exclusif de publier des lois, des ordonnances émanant des ministères ou d'autres autorités, des arrêtés ayant un caractère de droit public, des documents et des délibérations publiques ou autres pièces semblables; il en est de même des décisions rendues par les tribunaux.

D'autre part, il est licite pour tous de publier les discussions du Rigsdag ainsi que celles des conseils municipaux ou ecclésiastiques, les pièces judiciaires, les discours faits devant les tribunaux, ceux prononcés dans les réunions politiques ou autres réunions de ce genre.

CHAPITRE II
Cession du droit d'auteur.

ART. 8. — L'auteur peut céder totalement ou en partie le droit de publication de son œuvre.

La cession du droit de publication d'une manière déterminée (impression, représentation) n'implique pas le droit pour l'acquéreur de publier l'œuvre d'une autre manière, ni d'entreprendre ou d'autoriser des traductions ou des adaptations.

L'acquéreur n'a pas le droit d'introduire des changements dans l'œuvre, sans le consentement de l'auteur.

ART. 9. — Si l'auteur a cédé à un éditeur le droit de publier son œuvre, celui-ci n'en pourra faire qu'un seul tirage, à moins qu'il n'en ait été convenu autrement d'une manière formelle.

Excepté dans le cas prévu par l'art. 3, paragraphe 1er, un tirage ne doit pas excéder mille exemplaires, à moins qu'il n'en ait été convenu autrement. Tant que le tirage qui fait l'objet de la cession n'est pas épuisé, l'auteur n'a pas le droit d'en faire un nouveau.

Si l'auteur ou l'éditeur fait illicitement de nouveaux tirages, ou si l'éditeur fait un tirage supérieur à celui qu'il a le droit de faire, les règles contenues dans les articles 16, 17 et 19 sur la reproduction illicite seront appliquées.

ART. 10. — Celui à qui un auteur a cédé le droit de représentation d'une œuvre dramatique — y compris une œuvre mimique — ou d'une œuvre dramatico-musicale, ou le droit d'exécution publique d'une œuvre musicale, a le droit, sous réserve de stipulations contraires, de représenter ou d'exécuter l'œuvre autant de fois qu'il veut, mais il ne pourra pas céder ce droit à d'autres.

A moins qu'il n'en ait été convenu autrement et d'une manière formelle, une telle cession n'empêchera pas l'auteur de céder un droit analogue à d'autres personnes, ni de faire représenter ou exécuter lui-même son œuvre.

De plus, même dans le cas où un droit exclusif de représentation ou d'exécution a été cédé à une personne, l'auteur et ses héritiers — à l'exclusion de tous autres ayants cause — pourront néanmoins, sous les conditions ci-dessous mentionnées, céder à d'autres le droit de représentation ou d'exécution ou faire eux-mêmes représenter ou exécuter l'œuvre, et ce au cas où celui à qui le droit exclusif avait été cédé n'a pas, pendant cinq années consécutives, procédé à la représentation ou exécution publique de l'œuvre.

C'est un droit auquel l'auteur et ses héritiers ne peuvent renoncer.

L'auteur et ses héritiers doivent, avant de procéder à une pareille représentation ou exécution, annoncer, en présence de témoins, à celui à qui le droit exclusif avait été cédé, qu'ils ont l'intention de faire représenter ou exécuter, et ensuite attendre pendant une année.

Lorsque, dans le délai de cette année, une représentation ou exécution a lieu du fait de celui à qui le droit exclusif avait été cédé, il rentre dans son droit primitif.

Mais s'il laisse passer de nouveau cinq ans sans qu'une représentation ou exécution ait lieu, son droit exclusif est définitivement perdu.

ART. 11. — Lorsqu'un auteur n'a pas cédé, de son vivant, son droit à des tiers, et qu'il vient à mourir, les dispositions générales relatives à la succession trouveront leur application.

En ce qui concerne les œuvres n'ayant pas été publiées du vivant de l'auteur, celui-ci peut, par testament, interdire qu'elles soient publiées avant l'expiration d'un certain délai qui, toutefois, ne devra pas dépasser cinquante ans après sa mort et désigner la personne chargée de l'exécution de sa volonté.

Les dispositions contenues dans l'ordonnance du 11 septembre 1839 seront également appliquées au droit d'auteur.

Quand une œuvre aura été composée par plusieurs auteurs à la fois de façon que les contributions de chacun d'eux se confondent, le droit de chaque collaborateur qui meurt sans laisser d'héritiers ou sans avoir cédé son droit à des tiers passera aux autres collaborateurs ou à leurs ayants cause, sous réserve, toutefois, des droits des créanciers, conformément à l'article 12 de la présente loi.

Lorsqu'après la mort de l'auteur il n'y a personne à qui le droit d'auteur appartient licitement, il tombe dans le domaine public.

ART. 12. — Aussi longtemps qu'une œuvre n'aura pas été publiée par l'édition ou l'exécution publique, de même que quand la nouvelle édition d'une œuvre est interdite en vertu de l'article 27, ni les créanciers de l'auteur, ni les créanciers de ses héritiers ne pourront obtenir, par une action quelconque engagée en commun ou séparément, le droit de publier ladite œuvre ou de céder le manuscrit à des tiers, ni de publier l'œuvre par un autre procédé que celui qui a déjà été employé.

Dans tous les autres cas que ceux prévus ci-dessus, les créanciers pourront acquérir, par la voie judiciaire, le droit de publication. Toutefois, l'auteur est autorisé à adresser, dans les huit jours qui suivront la saisie judiciaire ou la déclaration de la faillite, une requête aux ayants droit ou au syndic de la faillite, dans laquelle il sollicitera la permission d'apporter des changements à l'œuvre avant qu'elle soit publiée. En cas de désaccord, l'auteur pourra, dans les huit jours à compter du jour du refus définitif, soumettre la question à la commission d'experts mentionnée dans l'article 28 ci-dessous, qui décidera ensuite d'une façon définitive si, sans être préjudiciable aux intérêts des créanciers, les modifications que l'auteur doit soumettre à la commission dans un délai déterminé par elle, peuvent être apportées à l'œuvre.

Quand l'auteur propose, dans les délais ci-dessus indiqués, un autre mode de réalisation que celui de la cession par voie de vente forcée, la question est également liquidée d'une façon définitive par la commission d'experts prévue par l'article 28.

Lorsque la publication de l'œuvre a lieu après la mort de l'auteur et d'une autre manière que celles jadis employées, où que le droit de publication a été cédé à des tiers par des héritiers qui ne se sont pas chargés des dettes de l'auteur, les créanciers de l'auteur peuvent exiger que le droit d'auteur aussi bien que toutes les créances résultant de la cession de ce droit servent au préalable à les couvrir; ils pourront aussi exercer un recours contre les héritiers par rapport à l'enrichissement éventuel découlant de cette publication. Si l'œuvre est éditée par un ou plusieurs héritiers et à ses ou à leurs frais, les créanciers peuvent également se tenir à la partie de l'édition qui se trouve encore en possession de l'héritier ou des héritiers.

CHAPITRE III

Des atteintes au droit d'auteur et de la responsabilité encourue.

ART. 13. — Constitue une atteinte au droit exclusif de publication, qui appartient à un auteur ou à des tiers en vertu de la présente loi, non seulement la reproduction intégrale de l'œuvre, mais aussi la reproduction qui comporte des retranchements, additions ou remaniements, y compris la dramatisation ou l'adaptation de l'œuvre à un autre genre littéraire ou artistique — à moins que les changements apportés soient tels qu'il en résulte une œuvre essentiellement nouvelle et originale.

ART. 14. — N'est pas considérée comme constituant une atteinte au droit d'auteur :

1° La citation textuelle de passages détachés d'une œuvre imprimée;

2° L'insertion de morceaux détachés, poésies ou autres, faisant partie d'écrits imprimés dans des ouvrages de critique et d'histoire littéraire, ou bien dans des écrits composés à l'usage de l'église, de l'école et de l'enseignement élémentaire en général; toutefois, il faut que, dans la seconde éventualité, une année au moins se soit écoulée à partir de la première publication de l'œuvre à laquelle l'emprunt est fait;

3° L'utilisation, opérée dans les mêmes conditions, de compositions musicales imprimées de moindre étendue ou de morceaux de compositions plus considérables, déjà publiées par l'impression, ainsi que de dessins et images isolés qui ont été publiés;

4° La réimpression de poésies d'étendue réduite, déjà imprimées et utilisées comme texte de compositions musicales ou reproduites sur des programmes de concert; toutefois, sont exceptés les textes des opéras, vaudevilles, oratorios et d'autres compositions musicales de proportions plus considérables;

5° La réimpression de poésies et de morceaux en prose déjà imprimés, comme texte explicatif accompagnant des représentations artistiques, pourvu que celles-ci soient l'essentiel de l'œuvre, et qu'il se soit écoulé au moins un an depuis la première édition de l'écrit;

6° La réimpression, dans les journaux ou revues, d'articles ou communications détachées, empruntés à d'autres journaux ou revues. Cela ne s'applique pas aux travaux de caractère scientifique ou poétique, ni à des articles où il a été fait spécialement réserve contre la reproduction. La source doit toujours être clairement indiquée.

Quant aux emplois indiqués sous les chiffres 2, 3, 4 et 5, le nom de l'auteur ou du compositeur, en tant qu'il a été publié, doit toujours être indiqué.

Art. 15. — Ne constitue pas une atteinte au droit d'auteur l'utilisation de poésies d'une étendue restreinte déjà imprimées, comme texte à l'exécution publique de compositions musicales; toutefois, sont exceptés les textes d'opéras, de vaudevilles, d'oratorios et d'autres compositions musicales de proportions plus considérables.

Art. 16. — Tous les exemplaires trouvés en Danemark et destinés à la publication d'une œuvre imprimée ou copiée par écrit en Danemark ou à l'étranger, en infraction de la présente loi, seront confisqués et détruits.

Si seulement une partie de l'œuvre constitue une reproduction illicite, la confiscation et la destruction se restreindra, autant que possible, à cette partie.

De même tous les moules, planches et autres instruments servant exclusivement à la reproduction illicite seront confisqués et détruits ou, en tout cas, mis dans un état qui empêche d'en faire un usage illégitime.

Toutefois, le lésé — ou les lésés conjointement, s'il y en a plusieurs — peuvent demander qu'on leur délivre les objets confisqués, contre compensation à évaluer.

La partie lésée pourra demander que cette évaluation — où la valeur des objets en question ne doit pas être fixée à un taux supérieur aux frais nettement établis de leur fabrication — soit faite, avant qu'elle décide, si elle réclame la délivrance des objets confisqués.

Les mêmes règles seront appliquées au sujet des copies et d'autres objets ayant servi à la représentation publique et illicite d'œuvres dramatiques ou dramatico-musicales ou à l'exécution publique et illicite de compositions musicales.

Art. 17. — Celui qui, par contravention à la présente loi, intentionnellement ou non, reproduit une œuvre ou importe, en vue de la publication, une œuvre reproduite en violation d'un droit exclusif défini par la présente loi, ou qui sciemment vend, distribue ou donne en location une œuvre reproduite ou importée en Danemark en infraction à la présente loi, devra indemniser complètement la partie lésée du préjudice subi.

Cette indemnité sera calculée sur le prix de la dernière édition licite et le nombre d'exemplaires de l'édition illicite qu'on jugera ou prouvera avoir été imprimés. Lorsque ce mode d'évaluation sera inapplicable, parce que l'œuvre n'aura point été publiée auparavant, ou par d'autres motifs, l'indemnité s'appréciera par des règles autant que possible analogues.

En outre, le coupable sera puni, s'il n'a pas d'ailleurs encouru une peine plus forte, d'une amende de 100 à 200 couronnes. Cette amende pourra, toutefois, être abaissée à 50 couronnes pour celui qui n'a fait que vendre, distribuer ou donner en location une œuvre reproduite ou importée par une autre personne.

Le délit de contrefaçon est consommé dès qu'un seul exemplaire de la reproduction illicite se trouve complet.

Art. 18. — La représentation publique, intentionnellement ou non illicite, d'une œuvre dramatique ou dramatico-musicale, ainsi que la récitation publique illicite ou l'exécution publique illicite d'une composition musicale, ou l'utilisation illicite d'un texte dans le cours d'une pareille exécution, sera punie d'une amende de 50 à 500 couronnes.

En outre, le coupable devra indemniser complètement la partie lésée du préjudice subi. En aucun cas, cette indemnité ne doit être inférieure au profit net tiré de la représentation, récitation ou exécution illicite, ou, en cas où l'exploitation illicite n'a fait qu'une partie de telle représentation, récitation ou exécution, à une partie proportionnelle dudit profit net.

Art. 19. — Celui qui a commis les actes mentionnés dans les articles 17 et 18, et qui établit sa bonne foi, ne sera ni puni ni condamné à payer une indemnité, mais il sera obligé de remettre le profit gagné à la partie lésée. Faute de preuve de la valeur de ce profit, le tribunal appréciera.

Art. 20. — Celui qui, intentionnellement ou non, a omis d'indiquer, conformément à l'article 14, la source ou le nom de l'auteur ou du compositeur, sera puni d'une amende de 2 à 100 couronnes. En ce cas, il n'y aura lieu ni à confiscation ni à indemnité.

CHAPITRE IV

Cessation du droit d'auteur.

Art. 21. — Le droit d'auteur dure pendant la vie de l'auteur et cinquante ans après la fin de l'année de sa mort.

Lorsqu'une œuvre a été produite par plusieurs, sans que la contribution de chacun d'eux forme un tout complet et distinct, les cinquante ans comptent de la fin de l'année de la mort du dernier survivant. Toutefois, dans le cas où l'œuvre a été publiée, on ne tient compte que des auteurs dont les noms se trouvent indiqués sur l'œuvre publiée ou l'ont été lors de sa représentation ou exécution publique.

Art. 22. — Les œuvres anonymes ou pseudonymes sont protégées contre la reproduction illicite pendant cinquante ans à compter de la fin de l'année où l'œuvre a été publiée pour la première fois.

Toutefois, la protection entière, telle qu'elle est mentionnée à l'article 21, est acquise quand, avant l'expiration des cinquante ans, l'auteur se fait connaître lui-même ou est indiqué par un ayant droit, sur un nouveau tirage ou par une déclaration publiée dans les formes prescrites pour les annonces légales.

Après la mort de l'auteur, tous ses héritiers conjointement sont seuls autorisés à faire une telle indication, excepté dans le cas où le droit d'auteur appartient en entier à un seul des héritiers ou à un tiers; dans ce cas, celui-ci est autorisé à la faire.

Art. 23. — Lorsqu'il s'agit d'œuvres anonymes ou pseudonymes, publiées en plusieurs parties, mais formant néanmoins, par leur connexité, un tout complet, le délai de cinquante ans sera compté à partir de la fin de l'année où la dernière partie a été publiée pour la première fois — excepté dans le cas où il s'est écoulé, entre la publication de deux des parties distinctes, un délai de plus de trois ans; en ce cas le délai, quant aux parties précédentes, sera compté de la fin de l'année où la dernière de celles-ci a paru.

Art. 24. — La récitation, sans appareil scénique, d'une œuvre imprimée, est licite passé un délai de trois ans à partir de la fin de l'année où l'œuvre a paru pour la première fois.

Art. 25. — Lorsque, pendant cinq ans, des exemplaires du dernier tirage d'une œuvre ou de parties distinctes de l'œuvre n'ont pas pu être obtenus chez l'éditeur ou chez le commissionnaire principal, chacun aura le droit de rééditer l'œuvre ou le volume séparé.

Le même droit appartient à l'auteur qui aurait cédé toutes les éditions futures de son œuvre.

Art. 26. — Lorsque, dans la suite, celui à qui le droit d'auteur ou le droit d'éditeur appartient, fait paraître un nouveau tirage, il rentre dans son droit exclusif primitif.

Toutefois, le tiers qui a déjà fait paraître un nouveau tirage ou qui a annoncé, dans la forme des annonces légales, la publication d'un nouveau tirage, pourvu que celui-ci paraisse dans le délai d'un an après la première annonce, pourra, sans encourir aucune responsabilité, vendre les exemplaires de ce tirage.

Art. 27. — Lorsqu'une œuvre est épuisée, l'auteur pourra en interdire toute réédition, si le droit de faire une telle réédition n'a pas été acquis par un tiers. Il pourra le faire, même si le droit d'édition total ou partiel appartient à un tiers, dans le cas où l'œuvre serait restée épuisée pendant cinq ans.

Toutefois, cette interdiction doit être faite six semaines au plus tard, après qu'un tiers a annoncé, conformément à l'article 26, qu'il entendait procéder à une réédition de l'œuvre.

L'interdiction doit être déposée au ministère des cultes et de l'instruction publique, lequel, après avoir fait constater l'identité du requérant, la fait publier, aux frais de celui-ci, dans les formes prescrites pour les annonces légales.

L'interdiction n'aura son effet qu'à dater de sa publication.

La publication faite contrairement à une telle interdiction sera punie conformément aux articles 16, 17 et 19.

Si plus tard l'œuvre est publiée avec le consentement de l'auteur, les droits que la présente loi lui accorde seront définitivement perdus.

CHAPITRE V
Commission d'experts.

Art. 28. — Le ministère des cultes et de l'instruction publique nommera à Copenhague une commission d'experts, composée de savants, d'écrivains, de compositeurs, de libraires, d'éditeurs, de musique et autres personnes compétentes. La commission, dont les membres seront nommés pour une période de huit ans, sera renouvelée par moitié tous les quatre ans; au premier renouvellement, le sort désignera les membres sortants.

La commission d'experts décidera sur toutes les questions qui, conformément aux articles 5, 6 et 12, lui seront soumises par une des parties; elle donnera, sur demande, des parères sur des points litigieux ayant trait à la matière réglée par les chapitres I à IV de la présente loi, pour les cas dans lesquels des connaissances spéciales techniques ou autres seraient nécessaires pour répondre à de telles questions.

Lorsque la commission d'experts refusera de répondre à une question qui lui sera adressée par une des parties, celle-ci pourra provoquer une décision judiciaire — obligatoire pour la commission — sur le point de savoir si la question soulevée est de nature à lui être soumise.

Le ministère des cultes et de l'instruction publique fixera les règles spéciales concernant l'organisation de cette commission, sa sphère d'activité, les indemnités pour les parères rendus, etc.

Les dépenses auxquelles donnera lieu le fonctionnement de la commission d'experts seront accordées par la loi de finances.

TITRE II
Du droit artistique.

Art. 29. — Dans les limites indiquées par la présente loi un artiste a le droit exclusif de vendre ou de publier autrement des reproductions de son œuvre d'art originale et de parties de celle-ci.

Il en est ainsi dans les cas où la reproduction implique l'usage d'une faculté artistique ainsi que dans les cas où elle se fait par voie purement mécanique ou chimique.

Art. 30. — Celui qui a licitement reproduit une œuvre d'art originale dans une autre forme artistique possède, par rapport à sa reproduction, le même droit que l'auteur d'une œuvre d'art originale.

Art. 31. — Personne ne peut, sans l'autorisation de l'artiste intéressé, publier des reproductions de dessins originaux d'architecture ni utiliser, pour une œuvre architecturale, ces dessins, non plus que les dessins, modèles, etc., qui ont été exécutés d'après les dessins originaux ou d'après l'œuvre architecturale elle-même.

Art. 32. — Dans le cas où une œuvre d'art a été produite par collaboration libre de plusieurs artistes, le consentement de tous ces collaborateurs est nécessaire pour la publication de reproductions de l'œuvre ou pour l'utilisation indiquée à l'article 31.

De même, dans le cas où, par héritage, le droit d'un artiste est dévolu à plusieurs conjointement, le consentement de tous les ayants droit est nécessaire pour une telle publication ou utilisation.

Art. 33. — L'artiste peut céder, totalement ou en partie, à d'autres les droits qui lui appartiennent en vertu des précédents articles.

A moins de stipulations contraires, la cession de l'œuvre d'art elle-même n'implique pas le droit de la copier ou de la reproduire à un certain nombre d'exemplaires; ce droit continue à appartenir à l'artiste.

Quand il s'agit de portraits exécutés soit à l'aide de la peinture, soit à l'aide de la sculpture, ce droit appartient à celui qui a commandé l'œuvre.

La cession du droit de reproduction d'une œuvre d'art par des procédés déterminés ou d'une manière déterminée ne donne pas à l'acquéreur le droit de reproduction par d'autres procédés ou d'une autre manière.

La règle de l'article 9 s'applique également au contrat d'édition relatif à la reproduction d'une œuvre d'art. Quand une œuvre d'art a été publiée dans un recueil périodique, l'artiste conserve le droit de la publier d'une autre manière; toutefois, cette nouvelle publication ne doit pas être faite dans un délai de deux ans à partir de la première.

Art. 34. — Si, pendant sa vie, un artiste n'a pas cédé son droit à d'autres, les règles indiquées par l'article 11 seront appliquées après sa mort.

Art. 35. — Tant qu'un artiste n'aura pas manifesté, en offrant son œuvre d'art en vente, en l'exposant publiquement, ou autrement, qu'il la considère comme terminée et destinée à la publicité, ses créanciers ne pourront, par aucune espèce d'action judiciaire intentée séparément ou en commun, acquérir, pendant sa vie, le droit de vente ou de publication de reproductions.

En cas de contestation entre les héritiers d'un artiste décédé et ses créanciers ou entre ces derniers sur la question de savoir quelles sont parmi ses œuvres posthumes celles qui pourront être publiées sans que sa considération en souffre, chacune des parties pourra soumettre la question à l'Académie des Beaux-Arts, dont la décision sera définitive.

Art. 36. — Une reproduction d'une œuvre d'art appartenant à autrui ne devient pas licite à raison de ce fait qu'elle aurait été exécutée dans d'autres dimensions ou avec d'autres matériaux que l'original.

Elle ne devient pas licite non plus à raison de ce fait qu'elle aurait été exécutée d'après une autre reproduction, même si celle-ci a été licitement produite, ni à raison de modifications, additions ou retranchements, tant qu'elle garde, néanmoins, par son contenu et par sa forme, le caractère d'une copie.

Art. 37. — Au contraire, n'est pas considéré comme reproduction illicite :

1º La reproduction d'œuvres d'art détachées et insérées dans des ouvrages de critique, d'histoire artistique et semblables, en connexité avec le texte et dans le but de l'éclairer. Toutefois, le nom de l'artiste, toutes les fois où il a été publié, doit toujours être mentionné. L'omission de cette mention sera punie conformément à l'article 20;

2º Le fait de la part d'un éditeur ou d'un vendeur de faire publier, faute de stipulation contraire, en forme d'annonces, des parties des œuvres d'art dont la publication lui a été confiée, dans le but d'en activer la vente.

Art. 38. — Les règles contenues dans les articles 16, 17 et 19 seront également appliquées à la reproduction d'une œuvre d'art faite en violation de la présente loi.

Art. 39. — Le droit exclusif de reproduction accordé, par les articles précédents, à un artiste sur son œuvre existe pendant la vie de l'artiste et cinquante ans après la fin de l'année de sa mort. Lorsqu'une œuvre d'art est le produit de la libre collaboration de plusieurs artistes, sans que la contribution de chacun d'eux forme un tout complet et distinct, les cinquante ans comptent à partir de la fin de l'année de la mort du dernier survivant.

Art. 40. — Toutefois, quand dix ans se sont écoulés après la fin de l'année où, conformément à la volonté de l'artiste, une œuvre d'art est devenue propriété publique, a été publiquement exposée ou est devenue autrement accessible aux regards de tous, il sera licite à tous de l'utiliser comme type ou modèle pour la production ou l'ornementation d'ustensiles ou d'objets de luxe.

TITRE TROISIÈME

Du droit exclusif sur les photographies.

Art. 41. — Quiconque produit pour son compte une photographie originale d'après nature ou la reproduction photographique d'une œuvre d'art tombée dans le domaine public, pourra se réserver, pour la durée de dix ans, le droit exclusif de reproduire photographiquement, dans le but d'en tirer profit, la photographie par lui produite, pourvu qu'il fasse à ce sujet une déclaration au lieu et sous les formes que déterminera le ministère des cultes, et que chaque exemplaire édité de ladite photographie porte, outre son nom, le mot *eneberettiget* de même que l'indication de l'année où la photographie aura été publiée.

Sera traitée comme une photographie et comme une reproduction photographique toute reproduction faite à l'aide de la lumière ou à l'aide de la lumière combinée avec un procédé entièrement mécanique ou chimique.

Quand il s'agit de portraits, faits sur commande par un procédé photographique, le droit exclusif appartient, sauf stipulations contraires, au commettant; par contre, il appartient au photographe lorsqu'il s'agit de photographies commandées d'un autre genre. Toutefois, la vente de photographies semblables ne devra pas avoir lieu sans l'autorisation du commettant; il en est de même en ce qui concerne leur exposition en public.

ART. 42. — En cas d'atteintes portées au droit garanti à l'article précédent, les prescriptions contenues aux articles 16, 17 et 19 seront appliquées. Cependant, la violation de ce droit, qui aura été commise soit intentionnellement, soit par négligence, sera passible d'une amende de 20 à 1,000 couronnes.

TITRE QUATRIÈME

Dispositions générales.

ART. 43. — L'action fondée sur l'infraction à la présente loi ne pourra être intentée que par la partie lésée. Pour les ouvrages anonymes ou pseudonymes l'éditeur indiqué sur l'ouvrage est considéré, faute de preuve contraire, comme autorisé à veiller aussi aux intérêts de l'auteur.

ART. 44. — L'action pénale, l'action en dommages-intérêts ou en délivrance de profit indiquées dans la présente loi ne sont plus recevables lorsqu'il s'est écoulé plus d'un an depuis que la partie lésée a eu connaissance du délit, et en tout cas au bout de trois ans à partir de la publication illicite.

L'action en confiscation et en destruction ou délivrance des reproductions illicites destinées à être publiées ou des instruments servant exclusivement à la reproduction illicite pourra être intentée tant que des exemplaires de cette reproduction ou de ces instruments se trouvent en Danemark, et tant que le droit lésé par cette reproduction subsiste encore.

ART. 45. — La présente loi s'applique à toutes les œuvres de sujets danois ainsi qu'aux œuvres de sujets étrangers publiés par un éditeur danois. Une édition est considérée comme danoise quand tous les associés en nom de la maison d'édition ou, en cas de Société anonyme, tous les membres de son conseil d'administration sont domiciliés en Danemark.

Sous condition de réciprocité les dispositions de la présente loi peuvent être, en tout ou en partie, rendues applicables, par ordonnance royale, aux œuvres produites par des sujets d'un autre pays, même si ces œuvres ne sont pas publiées par un éditeur danois.

Art. 46. — La présente loi entrera en vigueur le 1er juillet 1892. Elle est également applicable aux œuvres produites ou publiées avant sa mise en vigueur.

Toutefois, une reproduction exécutée ou commencée avant sa promulgation, et dont la publication était licite selon la législation jusqu'ici en vigueur, pourra être à l'avenir écoulée ou autrement publiée, même en cas où cette publication est interdite par la présente loi.

Et même les planches, moules, pierres et autres instruments de reproduction licitement produits avant la promulgation de la présente loi, pourront être utilisés à l'avenir.

COMITÉ EXÉCUTIF

Séance du 26 octobre 1891.

Le Bureau pour la session 1891-1892 est ainsi constitué :

Présidents. — MM. Eugène Pouillet, avocat à la Cour d'appel, membre du conseil de l'ordre;
Frédéric Baetzmann, délégué du gouvernement norvégien au Congrès de Neuchâtel ;
Jules Oppert, membre de l'Institut ;
Adolfo Calzado, député aux Cortès.

Vice-Présidents. — MM. Louis Cattreux, représentant des Sociétés littéraires, Belgique.
Alcide Darras, avocat à la Cour d'appel, France ;
Giuseppe Giacosa, membre de la Société des Auteurs italiens ;
Henri Morel, secrétaire général du bureau de l'Union de Berne ;
Max Nordau, publiciste. Autriche-Hongrie.

Secrétaire général. — M. Charles Ebeling, publiciste.

Secrétaires. — MM. Armand Ocampo, publiciste. République Argentine ;
Raoul Chélard, publiciste. Hongrie ;
Alfred Vaunois, avocat à la Cour d'appel. France ;
Paul Wauwermans, avocat. Belgique ;
Henri Lobel, secrétaire de la Société des auteurs de musique.

Trésorier. — M. Joseph Kugelmann, éditeur-imprimeur.

L'Association a eu la douleur de perdre un de ses membres les plus aimés et les plus dévoués, M. Louis Cattreux, dont le zèle et l'activité ont contribué excellemment au développement de la protection du droit d'Auteur. M. Louis Cattreux fut un des collaborateurs les plus précieux de l'Association, notamment lors de la préparation de la Convention de Berne, et de la confection de la Loi belge.

MM. Jules Lermina et Charles Ebeling ont été spécialement délégués par le Comité pour aller porter à ses obsèques le témoignage des profonds regrets que sa perte inspire à tous ceux qui l'ont connu.

La propriété intellectuelle au Sénat français.

Sur l'initiative de M. Louis Ratisbonne, l'éminent président perpétuel de l'Association, le Comité Exécutif, frappé des conséquences menaçantes d'un amendement présenté au Sénat par M. Volland au sujet d'un impôt de douane sur les livres fabriqués à l'étranger, a rédigé une protestation destinée à éclairer l'opinion de cette haute Assemblée.

M. Louis Ratisbonne a bien voulu transmettre cette note à M. Bardoux, ancien ministre, sénateur, qui a acquis, en se faisant l'interprète de nos sentiments, des droits nouveaux à notre respectueuse reconnaissance.

Voici un extrait du discours prononcé à cette occasion par M. Bardoux :

M. BARDOUX. — Messieurs, je regrette que l'honorable orateur qui descend de la tribune n'ait pas développé les diverses parties de son amendement; bien qu'elles se rattachent, je le reconnais, à d'autres numéros que le numéro 466 du tarif. Il y aurait eu une seule discussion, et les idées que je vais développer, je n'aurais pas eu à les répéter en partie en venant combattre un autre point qui nous divise. Je ne vais donc examiner que la première partie de l'amendement, celle que M. Volland a défendue, et qui est relative à l'entrée des livres imprimés en langue française à l'étranger.

Si cet amendement était adopté par vous, il entraînerait des conséquences redoutables, et il soulève les objections les plus graves. Je voudrais les faire connaître rapidement à la bienveillante attention du Sénat.

Jusqu'à cette heure, le principe de la liberté économique du livre était proclamé: Par une idée toute libérale, le livre n'était considéré que comme le moyen de propager la pensée humaine. Toutes les nations de l'Europe, à l'exception de l'Espagne, avaient admis la franchise du livre, et, en Amérique, les États-Unis, après avoir frappé d'un droit de 25 francs le livre importé, viennent, dans une délibération récente, d'affranchir le livre, hormis en ce qui concerne l'Angleterre.

Pourquoi un collègue aussi éclairé que l'honorable M. Volland vient-il nous dire qu'il y a péril pour le travail des ouvriers typographes français si nous ne frappons pas le livre français importé d'un droit égal à celui du papier?

Messieurs, il y a certainement une confusion dans l'esprit de notre collègue; il rend la liberté du livre français responsable de la très grave crise de la librairie que nous traversons.

L'honorable M. Volland ne sait peut-être pas que dans ce moment la librairie française subit un arrêt dans la vente, arrêt si redoutable qu'il faut remonter à vingt et un ans en arrière pour en trouver un semblable. Ceux, par conséquent, qu'il rend responsables, c'est-à-dire les Belges et les Suisses, ne sont pour rien dans cette crise, et les livres qu'ils importent chez nous ne peuvent pas être imprimés en France.

Je disais en débutant que les conséquences de l'amendement et les objections à lui faire sont considérables. Qui vous demande ce droit? Sont-ce les plus intéressés, c'est-à-dire les éditeurs et les grands imprimeurs? Non, messieurs, les éditeurs, qui sont la principale clientèle de l'imprimerie, les éditeurs parisiens ont tous protesté; et, dans une lettre qui a été adressée à M. le ministre du commerce et de l'industrie, tous les éditeurs de Paris ont demandé le maintien de la franchise du livre français. Je ne citerai que les principaux noms : Hachette, Baillière, Charpentier, Colin, Delalain, Dreyfus, Gauthier-Villars, Hetzel, Lecoffre, Lemerre, enfin tous ces noms que, vous qui lisez, vous connaissez. Est-ce qu'il y a danger à l'étranger pour notre industrie? Non seulement il n'y a pas danger, mais notre exportation va croissant.

Voici, en effet, les derniers chiffres : Notre exportation de livres français, pour 1891, atteint le total de 3,050,200 kilogr. en ballots, sans compter une exportation occulte considérable. Il n'y a pas, en effet, d'étranger venant à Paris qui n'emporte un, deux ou trois livres avec lui. Quel est, au contraire, le chiffre des livres français publiés à l'étranger et importés en France? Il ne dépasse pas 500,000 fr.

Et encore il faut s'entendre sur le mot « livres ».

La douane ne peut pas, quels que soient les renseignements qu'on puisse lui demander, vous fournir une désignation très précise et très exacte. Comme elle ne perçoit pas de droits, elle n'ouvre pas les ballots, et que contiennent-ils?

Messieurs, ce dont on se plaint surtout, c'est de la quantité de catalogues qui sont imprimés à l'étranger, et. ces catalogues, quand ils ont une certaine épaisseur, sont considérés comme des livres. Le renseignement que je vous apporte est positif à ce point de vue.

Ne nous occupons que des livres, dans le sens vrai de ce mot, qui sont imprimés à l'étranger en langue française; ces livres imprimés à l'étranger en langue française ne pourraient pas, la plupart, être imprimés à Paris. Et, en effet, c'est une erreur de croire que les éditeurs français font imprimer leurs livres à l'étranger. Ce n'est pas exact; c'était cependant la première chose que devait démontrer l'honorable orateur qui descend de la tribune. Il ne l'a pas démontrée, il ne le peut pas. Pourquoi? Parce que les éditeurs français n'ont aucun intérêt à faire imprimer leurs livres à l'étranger. (*Très bien! très bien!*)

Ils n'ont pas d'intérêt au point de vue de la surveillance du travail. Tous les éditeurs sont obligés de surveiller constamment la main-d'œuvre, la qualité même de l'impression; les rapports entre l'éditeur et l'imprimeur sont de chaque instant. L'éditeur parisien n'a pas en général d'intérêt à faire imprimer ses livres à l'étranger; c'est un fait que les éditeurs ont affirmé, et je crois leur parole. (*Nouvelles marques d'approbation.*)

Ce n'est pas tout : les livres qu'on fait imprimer en français à l'étranger ne doivent pas être imprimés à Paris.

Jo prends, par exemple, la Suisse. Elle importe en France 75 à 78,000 kilog. de livres français. La Suisse est, depuis la fin dix-huitième siècle, un très grand foyer intellectuel ; et à Genève comme à Lausanne les plus nobles esprits qui ont été en relations avec nos grands hommes travaillent, étudient et publient. J'aurais à faire passer sous vos yeux une longue nomenclature d'ouvrages de premier ordre qui appartiennent à la Suisse ; il me suffira de rappeler que, parmi les livres les plus lus en France et qui viennent de Lausanne, il faut placer ceux d'un maître, d'un des critiques les plus élevés de ce siècle, l'auteur d'un bon livre sur la libre manifestation des convictions religieuses ; je veux parler de Vinet. Je citerais bien d'autres noms : MM. Ernest Naville, Marc Monnier, dont les œuvres sont imprimées en Suisse, et qui augmentent les richesses de notre langue et de notre littérature. N'est-ce pas un grand honneur que de tels hommes empruntent, pour revêtir leurs idées, la forme de notre langue ?

Comment les ouvriers typographes de Lille ou de Nancy se plaindraient-ils ? En quoi seraient-ils atteints ? Comment, il faudra donc que tout ce qui se publie à l'étranger en français vienne se faire imprimer en France et à Paris ? Ce n'est ni sérieux ni raisonnable. (*Très bien! très bien!*)

Ah! je comprendrais toutes ces préoccupations si, comme autrefois, on avait à redouter la contrefaçon ; mais les conventions littéraires depuis vingt ans ont tué la contrefaçon. Je défie l'honorable M. Volland de me montrer un livre qui soit une contrefaçon. Nous avons fait disparaître cette lèpre. S'il en est ainsi, quel crime commettent les écrivains étrangers et quel tort peuvent-ils faire à la typographie française ? Je prends encore comme exemple la Belgique.

Elle nous fournit des livres très originaux.

Vous n'ignorez pas que les ouvrages de droit publiés par M. Laurent, professeur à l'Université de Louvain, sont lus par tous les jurisconsultes.

M. Trarieux. — Ils sont dans toutes les bibliothèques.

M. Bardoux. — On oublie donc que les publications d'un économiste aussi distingué que M. de Laveleye sont appréciées par tous ceux qui s'occupent d'économie sociale!

On oublie donc aussi que les documents historiques publiés par la direction des archives de Belgique ont leur place dans les bibliothèques des savants et de nos facultés des lettres ? Tous ces documents, qui sont imprimés en français, ne pourront-ils plus entrer en France librement, et faudra-t-il qu'ils payent à la frontière un droit de 13 francs ou un droit de 10 francs, suivant le grand ou le petit tarif?

Quand on entend de semblables propositions, Messieurs, on se sent vraiment affligé.

Et l'Angleterre, savez-vous quels sont les livres qu'elle importe principalement en France?

Ce sont des livres spéciaux, presque tous livres de gravures pour les enfants, édités sous une forme particulière et avec une reliure qui constitue en quelque sorte un monopole.

Nous avons essayé de les imiter et nous avons reconnu que nous ne le pouvions pas.

Que reste-t-il dès lors qui vous porte ombrage?

Il reste certains livres de piété, des missels, imprimés en Belgique et qu'on introduit en France. Ceux-là, nous pouvons parfaitement les imiter, ce n'est qu'une question d'outillage, et le jour où les imprimeurs du Nord, qui sont les auteurs de l'amendement qui nous est proposé, le voudront, ils arriveront facilement à nous donner ce genre de livres. Mais pouvons-nous, à propos d'une catégorie de livres qui n'ont pas une réelle importance, établir un droit et créer ainsi un précédent? Je ne saurais l'admettre. (*Très bien! très bien!*)

Si j'examinais tour à tour chaque nation, j'arriverais à vous convaincre que nous n'avons qu'à être fiers de voir l'esprit français inspirer les littérateurs et les critiques des autres pays; que nous devons chercher à favoriser l'expansion de nos idées par les livres, les articles et les journaux publiés en français à l'étranger. (*Nouvelles marques d'approbation.*)

C'est là le but de l'Association qui se nomme « l'Alliance française ». Prenez garde, avec des droits de douane, d'affaiblir son rôle et son action!

Mais je n'ai examiné qu'un des côtés de la question.

Le plus grave, c'est celui des représailles que nous avons à redouter. Ces représailles sont en effet certaines, et nous avons des documents qui, dès à présent, établissent qu'en Belgique, en Suisse, en Hollande, on s'apprête à dénoncer les conventions littéraires : ainsi tout le grand effort que nous avons fait en France, depuis de longues années, pour arriver à l'acceptation, par tous les pays étrangers, de la Convention de Berne, ce grand effort peut devenir aujourd'hui stérile.

Aussi tout le monde littéraire s'est-il ému; la grande Association libérale qui s'appelle l' « Association littéraire et artistique internationale », celle qui a présidé à tous les congrès tenus hors de France qui ont assuré la libre extension du génie français, s'est réunie et a pris une délibération que son président m'a fait l'honneur de m'adresser, et dont je vais vous lire les termes :

« Les soussignés, membres du comité exécutif de l'Association littéraire et artistique internationale, protestent de toute leur énergie contre une mesure profitable peut-être à quelques intérêts particuliers, mais aussi manifestement contraires à l'intérêt général des auteurs et éditeurs qu'à la propagation de la langue et de la pensée français. Cette proposition, si elle pouvait aboutir, serait le premier coup porté, et porté par la France, à la Convention d'union de Berne, obtenue après d'infatigables efforts, qui a fondé enfin la propriété littéraire internationale, et que notre Association a le devoir de défendre, comme elle a eu l'honneur de contribuer à l'établir.

« Les soussignés ont confiance dans le libéralisme, la haute raison et le patriotisme du Sénat pour faire à la proposition le sort qu'elle mérite, en repoussant l'impôt fertile en représailles qui viole les franchises du livre. »

Ont signé, les membres du bureau : Louis Ratisbonne, Eugène Pouillet, Jules Lermina, Victor Souchon, Georges Maillard, Charles Lucas, etc., etc.

D'un autre côté, la Société des gens de lettres a écrit à M. le président de la commisssion des douanes une lettre qui m'a été transmise et dans laquelle je lis :

« Les manifestations qui émanent surtout d'industriels des pays de langue française, comme la Belgique et la Suisse, ne tendent à rien moins qu'à solliciter, comme représailles, de leurs gouvernements, des droits sur les livres français et même la dénonciation de la Convention de Berne, dernier rempart de la propriété littéraire internationale. . . . .

« Si ces menaces se réalisaient, et il est malheureusement hors de doute qu'elles se réaliseront dans le cas où le Sénat maintiendrait les droits votés par la Chambre des députés, ce serait le retour de la contrefaçon, d'où résulteraient des pertes incalculables, non seulement pour les écrivains et pour les éditeurs, mais aussi pour les industriels français, imprimeurs et marchands de papier, qui s'imaginaient bénéficier des droits protecteurs établis en faveur de leurs produits, puisque la moitié au moins de la fabrication des livres en langue française passerait à l'étranger.

« Défenseur des intérêts aussi bien des écrivains français que de toutes les industries qui s'y rattachent, le comité de la Société des gens de lettres manquerait à son devoir s'il n'appelait l'attention des pouvoirs publics sur la gravité de cette situation, et s'il ne protestait pas contre toute mesure tendant soit à entraver l'essor de la pensée humaine et la diffusion des idées, soit à priver les écrivains de la propriété de leurs œuvres et de la juste rémunération de leur travail. »

Et, messieurs, ce n'est point une chimère que ces craintes.

Le Parlement en Belgique, les Etats généraux en Hollande, ont été saisis d'une demande de dénonciation des traités de convention littéraire. Voici la pétition qui a été adressée aux présidents et membres du Sénat et de la Chambre des représentants belges par l'association de tous les imprimeurs, compositeurs et typographes de Belgique :

« Y a-t-il lieu pour la Belgique d'user de représailles ? Nous le croyons, car ce serait un véritable marché de dupes que de laisser nos frontières toutes grandes ouvertes aux productions typographiques françaises, alors que la France nous fermerait les siennes.

« Actuellement, la France nous envoie journellement de nombreux ballots de livres et de brochures qui trouvent en Belgique un facile écoulement. Les ouvrages expédiés de France et paraissant par livraisons ont des milliers d'acheteurs dans notre pays et font une telle concurrence à nos imprimeurs que, jusqu'ici, ceux-ci n'ont pu réussir à éditer des œuvres dans les mêmes conditions. C'est aussi une des raisons pour lesquelles, suivant nous, la plupart de nos auteurs font éditer leurs ouvrages en France... — Ce sont des Belges qui parlent. — Notre association continuent-ils, est également d'avis qu'en présence de l'attitude économique actuelle de la France il y aurait lieu pour le gouvernement belge de dénoncer la convention littéraire conclue avec ce pays, et dont les effets doivent se produire jusqu'au 1er février 1892. ».

En Hollande, le même mouvement s'est produit ; nous en avons la preuve dans un document dont l'authenticité ne saurait être contestée et où je lis :

« Vous n'ignorez pas, messieurs, que les Pays-Bas offrent un débouché des plus considérables aux publications françaises d'une importance telle que notre pays fût le premier avec lequel le vôtre entama des négociations concernant la protection réciproque de la propriété littéraire et artistique. Vous vous rappelez également que les conventions sur cette matière entre nos deux pays ont toujours été liées aux traités de commerce, et même plus spécialement aux droits de douane sur les imprimés.

« Il vous est probablement inconnu que, lors de l'examen de ces traités par nos Chambres, plusieurs députés ont vivement critiqué que le traité de commerce et la déclaration concernant la propriété littéraire et artistique ont bien la même date d'entrée en vigueur, mais que le premier est dénonciable avant l'autre.

« On estima que la protection donnée et les libertés commerciales assurées devaient rester aussi étroitement liées que possible. Ces voix étaient nombreuses, et il est à présumer que leur nombre aura considérablement augmenté en 1893, si la protection donnée dans les Pays-Bas à l'esprit et à l'art français trouvait comme pendant en France une prohibition fiscale pour les produits de la presse néerlandaise, autres que le livre-texte dans sa plus simple expression.

« Si la prorogation de la convention avec les Pays-Bas est ainsi gravement compromise, les autres traités conclus par la France pour protéger la propriété littéraire et artistique ne le sont pas moins. En effet, Messieurs, toute convention internationale durable doit avoir comme base des intérêts communs ou réciproques. »

Voilà, Messieurs, l'état d'esprit des nations voisines, de celles qui parlent notre langue et qui, par conséquent, sont en quelque sorte parentes de la France.

Mais, Messieurs, le péril est encore plus grand si nous examinons les périodiques.

Sachez que c'est la France qui possède les revues et les journaux illustrés qui ont le plus de publicité. Notre *Revue des Deux Mondes* a 26,000 abonnés, dont 13,000 à l'étranger. Ce n'est pas seulement une grande influence au point de vue du rayonnement des idées françaises dans le monde, c'est aussi une grande source de travail national. Eh bien, la *Revue des Deux Mondes* sera atteinte, tout comme nos livres, par la réciprocité des droits qu'établira l'étranger; et savez-vous ce qui arrivera? C'est que la *Revue des Deux Mondes* enverra ses clichés, ses empreintes... où donc? à Bruxelles, et là, 13,000 numéros seront tirés, au détriment de nos ouvriers typographes.

L'*Illustration*, qui a 40,000 abonnés, dont le tiers à l'étranger, suivra le même exemple.

Quel sera donc le résultat? Une déperdition des produits et des forces nationales. Voilà où nous conduit l'amendement de l'honorable M. Volland.

Quant à l'effet moral, Messieurs, il est désastreux. Comment! c'est la France, ce grand pays qui produit le plus de livres dans le monde; la France, qui inonde toute l'Europe de ses œuvres de toute nature et des produits de son génie; la France, qui a un avantage considérable, puisque son exportation l'emporte de quatre cinquièmes sur son importation; c'est la France, dis-je, qui va, la première, détruire cet état de choses qu'on a eu tant de peine à établir! c'est elle qui va donner au monde l'exemple d'établir un droit sur le livre, sous prétexte que le livre contient du papier!

Eh bien, non, Messieurs; au moment même où le livre est imprimé, où la page de papier est couverte de caractères, le papier disparaît et vous êtes en présence de la pensée humaine. Il y a une transformation que fait l'impression; cette transformation, c'est le livre, et le livre, ce n'est plus du papier blanc, c'est le reflet de l'esprit.

Ce n'est plus, par conséquent, au papier que vous avez affaire : vous avez affaire à l'écrivain, à l'artiste, au penseur; telle est, Messieurs, la vérité; et c'est vraiment s'abuser que de s'imaginer qu'on peut distinguer deux choses dans un droit de douane, le papier et l'impression. En frappant le papier, vous frappez le livre, et, en frappant le livre, vous frappez la pensée humaine.

Je répète qu'il est impossible que la France puisse donner cet exemple au monde, elle qui a été toute sa vie la nation qui a le plus hautement protesté contre les entraves apportées à la liberté des productions de l'esprit humain; elle qui est l'ancêtre de la civilisation! Il est impossible que la France fasse ce pas en arrière, qu'elle abandonne ainsi tous les progrès qu'elle a réalisés. Je ne puis pas croire que ce soit la République qui, la première, vienne imposer les livres, ne fût-ce que de 13 et de 10 fr. comme le demande M. Volland.

Telles étaient, Messieurs, les observations que je voulais vous présenter pour prier le Sénat de repousser l'amendement. *(Très bien! très bien! — Vifs applaudissements sur divers bancs.)*

A la suite de ce discours, l'amendement de M. Volland a été repoussé par 207 voix contre 38.

Communication sera prochainement donnée du programme du Congrès de Milan (septembre 1892).